国家出版基金项目
NATIONAL PUBLICATION FOUNDATION

U0889077

"十二五"国家重点图书出版规划

中国古代名窑系列丛书

# 建窑

叶文程　林忠淦/ 著

江西美术出版社
全国百佳出版单位

# 引言

我国陶瓷历史悠久，古陶瓷深受世人青睐，国内外倾其毕生精力搜集、珍藏、探索和潜心研究者不乏其人。近几十年来，随着国家对文物研究和保护力度的加强，有关部门对一些历史名窑相继进行了一定程度的发掘与整理，所掘精品迭出不穷，弥补了古陶瓷鉴赏中历史资料之不足。一些古陶瓷研究与鉴赏中的难题，也随着第一手资料的获得，迎刃而解。不少文物专家、学者，穷其一生着力于一个窑口的探索与研究，也取得了令人瞩目之成果。

江西美术出版社从需求和可能出发，策划出版《中国古代名窑系列丛书》，以各窑系、窑口古瓷的鉴赏命题，约请各方专家著述，这对于系统介绍唐宋以来各名窑名瓷详情、弘扬传统文化，实为可贵。每部书稿资料翔实，论述周详，剖析精微，相形于时下众多泛泛而论的鉴赏之作，实为述而有纲，言而有物。垂注于古陶瓷的鉴赏者如能从一个窑系、窑口的研究出发，触类旁通，这也是古陶瓷鉴赏的一条门径。

《中国古代名窑系列丛书》补史料之缺，应大众之需。编撰者已经辛劳数年，今观新篇，欣慰之至，志此数言，是为序。

耿宝昌
于北京

# 目录

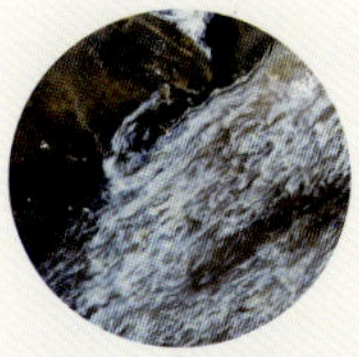

# 第一章 建窑沧桑

建窑是中国南方的宋代名窑，遗址坐落在今福建省的北部地区，这一地区简称闽北。遗址的具体方位在今建阳市东北境水吉镇的后井、池中村一带，南部与建瓯市接壤（图1）。如今虽然时过境迁，但遗留下来的大片古窑，仍然可以让人们想见昔日那窑火通红、窑烟袅绕的旺盛景象。

## （一）建窑就是建州窑

在历史行政区划的沿革中，建窑所在的水吉镇隶属于建瓯而不属于建阳，这要从建瓯的行政建制谈起。

建瓯是闽北重镇，最早称作建安，于东汉建安十二年（207）正式立县，吴永安三年（260）升置为建安郡，唐武德四年（621）改为“建州”，此后一直成为闽北地区的州郡治所。《宋史·地理志》载：“建宁府，上，本建州、建安郡。旧军事，端拱元年（988）升为建宁军节度；绍兴三十二年（1162）以孝宗旧邸，升府”，领“县七：建安、浦城、嘉禾（建阳）、松溪、崇安、政和、瓯宁”[1]。其中瓯宁县是治平三年（1066）从建安县分野出来的，二县署衙都设在建州。

元至元十五年（1278）改建宁府为建宁路，明清时期恢复为府制。至民国二年（1912），建安、瓯宁二县合并，各取第一字称作建瓯县，先后辖于建安道、第三行政督察区，1949年新中国成立以后仍称建瓯县，1992年改为县级市。

建窑属于建瓯辖治地域，宋代文献已有明确记录。

[1] 中华书局1990年12月版，2208页。

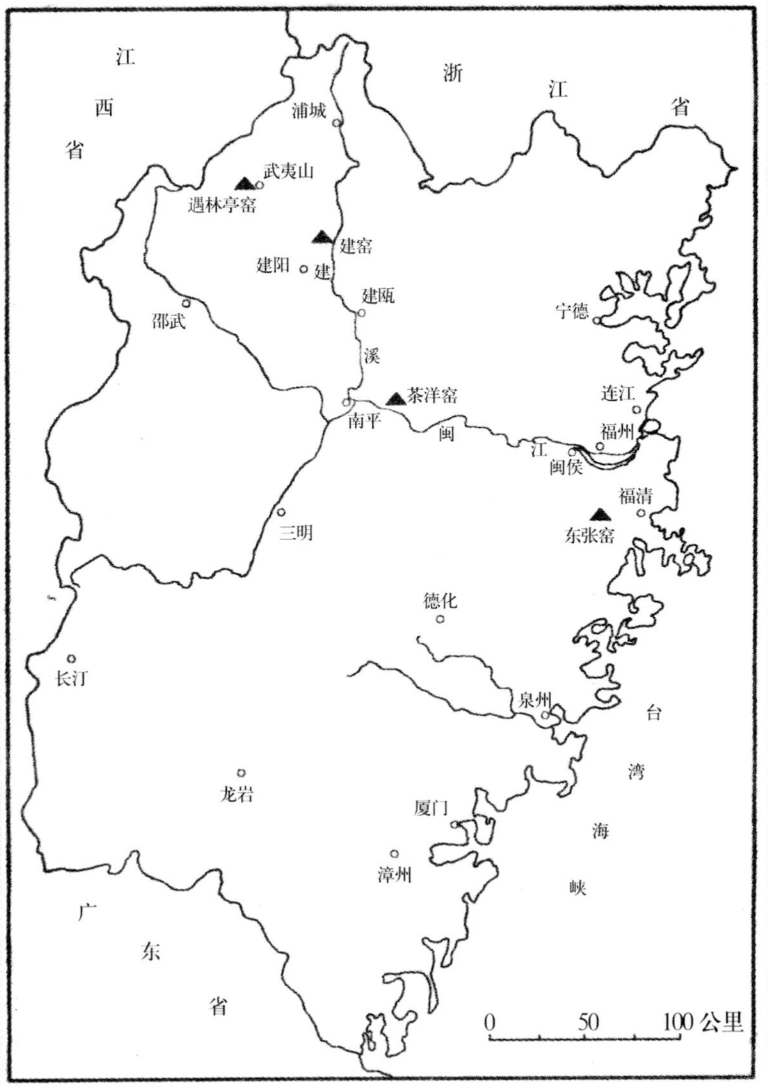


图1.福建省建窑系主要窑址分布示意图

北宋蔡襄《茶录》说："茶色白，宜黑盏。建安所造者绀黑，纹如兔毫。"[2]这里所说的"纹如兔毫"的黑盏即建窑烧造的黑釉兔毫盏，产地在建安县。该书撰写于宋仁宗皇祐年间（1049-1054），以后刊行，蔡襄为本书写的序言时间是在治平元年（1064），即瓯宁县从建安县分野出来的前二年。南宋祝穆《方舆胜览》称："兔毫盏，出瓯宁之水吉。"[3]是书序言有嘉熙己亥（1239）吕午落款，故成书时间应在宋理宗时期，当时瓯宁县已从建安县分野有173年了，把建窑兔毫盏产地说得更加具体了。蔡襄（1012-1067），仙游县人；祝穆（？-1255），建阳县人，都是宋代福建籍的著名学者，他们对建窑的有关著述是准确的。

宋代以后的地方志书继续把建窑的地理方位划归建瓯。明弘治《八闽通志》："兔毫盏，出瓯宁之水吉。"[4]水吉又称"禾义里"，嘉靖《建宁府志》附瓯宁县地理图中，北境有"禾义里"，正当水吉方位[5]。至民国十八年（1929）出版的《建瓯县志》犹称："兔毫盏，出禾义里。"[6]说明建窑遗址所处的水吉镇从古代至近代都隶属于建瓯地域。

那么，水吉镇何时划归建阳呢？建阳最早叫作建平县，始于汉末，晋代改称建阳，南宋景定年间曾改名为嘉禾。历史上一直都是建安郡、建州、建宁府治下的属县之一。1946-1956年，原建瓯属地的水吉镇，一度独立为县治，其后并入建阳县，1994年，建阳县亦撤县改为县级市。由此看来，水吉隶辖于建阳是晚近的事情。关于建瓯、建阳的历史行政区划建制沿革关系如

[2]（宋）蔡襄著，（明）徐𤊹等编、吴以宁点校，《蔡襄集》，上海古籍出版社，1996年8月版，643页。
[3]《方舆胜览》卷十一·"建宁府"，文海出版社，孔氏岳雪楼影钞本。
[4]《八闽通志》卷二十五·"食货"，福建人民出版社，1990年5月版，534页。
[5]《建宁府志》，上海古籍书店，1946年，据宁波天一阁藏本影印。
[6]《建瓯县志》卷二，建瓯芝新印刷所铅印本。

**表一：建瓯、建阳的历史沿革关系**

| 时　代 | 建　置　名　称 | | 所属行政区 |
|---|---|---|---|
| 汉末 | 建安县 | 建平县 | 会稽郡 |
| 吴 | 建安县 | 建平县 | 建安郡 |
| 两晋南朝隋朝 | 建安县 | 建阳县 | 建安郡 |
| 唐五代 | 建安县 | 建阳县 | 建州 |
| 宋 | 建安、瓯宁县 | 建阳县（嘉禾县） | 建宁府 |
| 元 | 建安、瓯宁县 | 建阳县 | 建宁路 |
| 明清 | 建安、瓯宁县 | 建阳县 | 建宁府 |
| 民国 | 建瓯县 | 建阳县 | 建安道、第三行政督察区 |
| 新中国 | 建瓯县、建瓯市 | 建阳县、建阳市 | 建阳地区、南平地区、南平市 |

表一所示：

总之，历史上建窑名称的由来，与建阳县并无密切的联系，而应当渊源于宋代建安、瓯宁二县治所在的建州。

我国唐宋时期的瓷窑，一般以所在的州、县命名，且以州郡或郡府命名的情形居多，如越州窑、邢州窑、定州窑、寿州窑、洪州窑、吉州窑、磁州窑等，又如景德镇窑称饶州窑，龙泉窑称处州窑等。其中又往往加以省称，如越州窑称为越窑，邢州窑称为邢窑，定州窑称为定窑等等。因此，根据类似的定名惯例，从地理位置考察，追本溯源，建窑的得名，应渊源于建安郡、建州或建宁府，称之为建安窑、建州窑或建宁窑，而以建州窑最为贴切，简称建窑。

然而，明清时期乃至近代的有关陶瓷著述中，关于建窑的名称含义方面出现了混乱的情形，需要予以澄清而正名，以下是对几种代表性歧义的纠正。

明初曹昭《新增格古要论》载："古建窑，建窑器出福建，其碗盏多是撇口，色黑而滋润，有黄兔斑、滴珠大者真，但体极厚，少见薄者。"[7]到目前为止可查阅的历史文献中，这是"建窑"一名正式出现的最早记载，但未详产地，其曰"碗盏多是撇口"，则是失之偏颇的见解。

明高濂《雅尚遵生八笺》："建窑，器多撇口，碗盏色黑而滋润，有黄兔斑，滴珠大者为真。"[8]显第系沿用前说。

清蓝浦《景德镇陶录》载："建窑，古建州窑也，出宋代。为今之建宁府建阳县。始于建安，后迁建阳。入元犹盛。"[9]这里所说建窑即古建州窑。但始于建安、后迁建阳之说明显有误。入元犹盛，亦缺乏根据。

清朱琰《陶说》载："建窑，在福建泉州府德化县。"[10]此说张冠李戴。

---

[7] 《说陶》，桑行之等编，上海科技教育出版社，1993年6月版，364页。

[8] （明）高濂著，《雅尚遵生八笺》卷十四·《论诸品窑器》，书目文献出版社，据明万历十九年自刻本缩印，408页。

[9] 《说陶》，207页。

[10] 《说陶》，13页。

土神之所。后引申为地方基层行政单位，相当于里，古代一般25家为社或方圆6里为社。此铭文说明：晚唐五代时期，建窑所在地已经形成了一定规模的居民聚落（图9）。

五代晚期至北宋初年，建窑工匠进一步改进装烧工艺，采用一种漏斗形的凸底匣钵，正置仰烧黑釉碗（图10）。此时窑址坐落在庵尾山，利用前期的一座窑炉加以修理涂抹窑壁，专门烧成黑釉碗。此类碗胎骨呈灰或灰褐色，胎体轻薄，釉呈浅黑或酱黑色，釉层匀薄，器外壁施釉不及底，足部露胎。器型为敛口碗，有两种：一种作直口微敛、折浅腹，内底中心稍隆起，矮圈足；另一种作敞口微敛，浅腹斜弧壁，内底稍厚并隆起，矮圈足。这时期的黑釉碗，以薄胎薄釉、浅腹内底隆起为显著特征，与宋代风行的建盏厚胎厚釉型制相区别，但已开了建盏的先河（图11、图12）。

两宋时期，是建窑的繁荣阶段，窑场规模宏大，标准的黑釉瓷器大量烧成，器型以碗类为大宗，成为建窑文化的独特标志。此外，还有少量灯盏、杯、罐、执壶、盏托等器物。关于建窑宋代黑釉瓷器的兴衰，将在本书的第三章给予专门的论证。

南宋晚期至元代早期，建窑出现了青白瓷产品，已发现的营长墘6号窑（Y6）出土的青白瓷产品，叠压于装烧黑釉器的7号窑（Y7）之上。其产品胎体较轻薄，胎质洁白细密。釉水青润淡雅，在日光或灯光照耀下，有玉质感。仔细观察釉水的颜色，又可分为三种情形：一种是白中泛青，即标准的青白色；一种是青白泛灰色；一种是青白中还闪现一种软性的肉红色。此外，还有泛黄的颜色，是火候不足的次品。器型有碗、盘、洗、炉、罐、壶、瓶等，其中的碗、盘、洗类圆器，由于普遍采用支圈组合窑具装烧，所以器物皆芒口。器物装饰有刻划和模印两种，模印图案有莲花、向日葵、飞凤、芦雁、孩儿攀花等，刻划图案有卷云、双鱼、篦点、莲花、莲瓣、菊瓣等（图13、图14）。从工艺技术风格看，营长墘窑址的青白瓷产品，仿效江南名窑景德镇湖田窑，表现了共同的时代特征。

元代早期以后，建窑废止。建窑的青花瓷器仅发现于大路后门的一处废墟，器型有碗、盘，胎骨坚白细致，白釉较为纯洁，青花色泽较为明丽，装饰图案有折枝花卉、书生人物等，与本省德化窑清代晚期的风格类似，是建窑元代衰落500年后的尾声。

总之，兴起于晚唐五代，盛于宋代，衰于元，清代尚一度残余，是建窑历史发展的整体脉络。

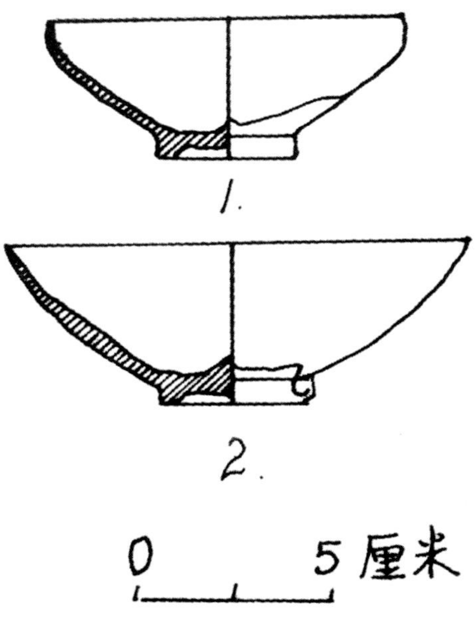

图11.建窑初创期黑釉碗

图12.黑釉碗（五代北宋初）
**福州民间收藏**

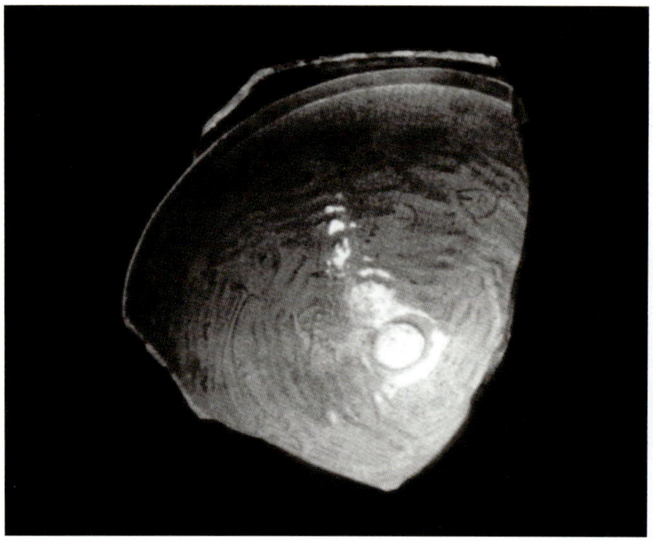

图13.刻划花双鱼纹青白釉碗（南宋）
**福州民间收藏**

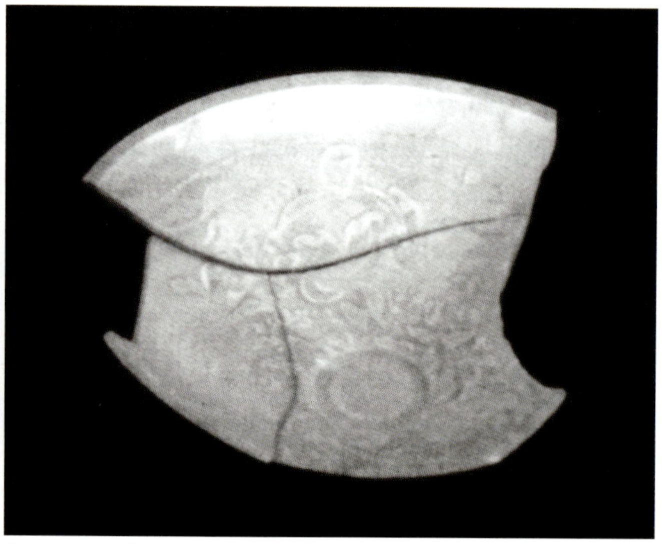

图14.印花孩儿攀花纹青白釉碗残片（宋末元初）
**福州民间收藏**

# 第二章
# 建盏特征

黑釉瓷器是以氧化铁作为主要着色剂的瓷器品种，它是从青瓷派生出来的。3000年前的商代，我国已烧成原始青瓷。至东汉时期，浙江上虞、宁波、慈溪、鄞县等地，在成功烧制青瓷器的同时，也烧成部分黑瓷。到南朝、唐代，浙江越窑系统的瓷窑，在大量烧造青瓷的同时，仍然生产一部分黑瓷。长期以来，黑瓷以它朴素无华的釉色、实用的造型，散布于生活领域，一直没有引起人们的关注。宋代建窑的出现，把黑釉瓷器的生产推向了历史的高峰，令人刮目相看，无论是胎釉、造型还是花纹，都开辟了实用功能与艺术欣赏的崭新天地。

## （一） 浑厚古朴造形体

宋代建窑的黑釉瓷器，以碗类占绝大多数，宋代文献称之为瓯或盏，统名“建盏”。按瓯的本义是碗，盏的本义则是比碗小的器皿，或者说是一种小碗。通观出土品与传世品资料，有碗有盏，本书在进行具体描述时，以碗称之；在泛称时，则用建盏一词，因为它比较简练。通过对已知所有建盏的整理分析，我们知道宋代建窑工匠在制作器皿时，是按照一定的规格进行制坯成型的，具体的可划分为三种：大型碗，口径在15厘米以上，目前，所见建窑最大的碗，是建阳周建平收藏的一件黑褐釉撇口碗，口径为27.5厘米、高11.5厘米、足径7.5厘米；中型碗，口径在11-15厘米之间；小型碗，口径在11厘米以下。建盏造型的共同特征是大口小足，形如漏斗，口沿较薄，腹下部较厚，造型较稳重。但局部又有所不同。根据考古类型学的原理，从口沿入手，结合腹部及底足的变化，可把建盏区别为束口、敛口、撇口、敞口四种类型（图15）。

**束口碗** 口沿曲折，外缘向内收缩，约束成一圈浅显的凹槽，内壁则相应形成一周凸圈。依口沿、腹部的差异，分成A、B、C三种形式。

A式束口碗，口沿仰折，深腹。腹上部陡起，下部转为弧形壁向内逐渐收缩成小平底。整体造型饱满而刚健，而且富有优美的曲线变化，是建窑最具代

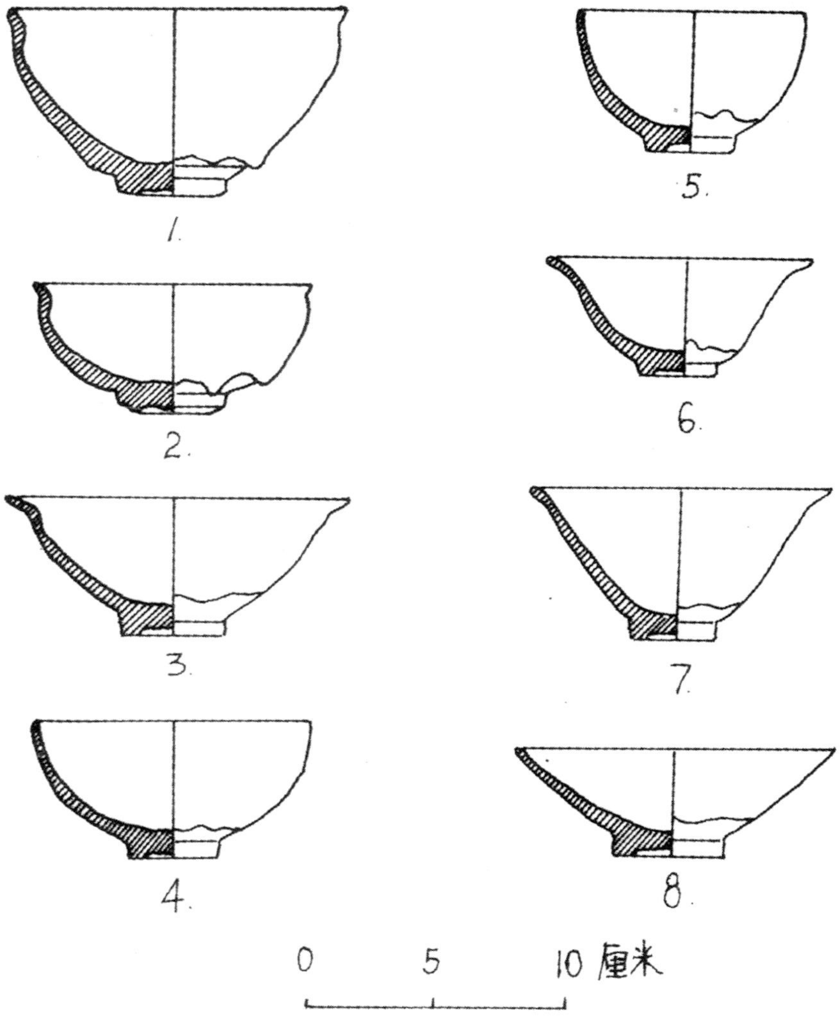


图15.建窑典型黑釉瓷器
1.A式束口碗 2.B式束口碗
3.C式束口碗 4.A式敛口碗
5.B式敛口碗 6.A式撇口碗
7.B式撇口碗 8.敞口碗

表性的器型。以中型器居多，小型很少，大型极少。口径与通高的比例，一般略小于或等于2:1。以中型碗为例，口沿上端略尖，往下约1厘米内折，内沿相应部位形成一周凸圈，此处厚度0.3厘米，腹下部厚0.7厘米，底端与足部连体则厚至1厘米，虽然型如漏斗，但胎体厚重置立稳当。（图16-1、16-2）日本永青文库收藏的1件建盏，口径12.6厘米、高7.3厘米、足径3.9厘米，为此式标准器。（见图版3）

B式束口碗，口唇矮短外卷或无明显曲折，圆腹圆壁，整体造型如半球状，墩矮浑圆。一般为小型器，也有少量中、大型器。口径与通高的比例等于或略大于2:1。（见图版4）

C式束口碗，大撇口，口沿外折，腹部呈斜弧式壁，内底中央往往微有隆起，形体奇峻秀丽。口径与通高的比例大于2:1。大、中、小三型皆有。大型器腹部较深，而且口沿曲折显著。小型器腹部较浅，且口沿外缘曲折不甚明显。（见图版5）

**敛口碗** 口沿微向内收敛，造型较丰满，依腹部深浅的差异分为A、B两种形式。

A式敛口碗，浅腹，圆弧形壁，皆

图16-1.建窑黑釉“供御”铭A式束口碗（宋）

图16-2.建窑黑釉“供御”铭A式束口碗底部（宋）
南平陈大鹏收藏

小型器，口径与通高的比例等于或略大于2:1。（见图版6）

B式敛口碗，深腹，腹上部直起，下部转为弧壁。小型器居多，也有一些中型器。口径与通高的比例略小于2:1。（见图版7）另有一种敛口碗，口沿收敛较甚，上腹饱满，下腹内收成小卧足，一般为中型器，口径与通高的比例约为2:1左右。有1件碗底刻铭“茶”字。（见图版8）

**撇口碗** 口沿外撇，弧壁。依腹部深浅的不同，分作A、B两种形式。

A式撇口碗，腹部较浅，造型较丰满。大、中、小三型皆有。口径与通高的比例大于2:1。

B式撇口碗，腹部较深，造型较挺拔。有大、中二型。口径与通高的比例为2:1左右。日本德川美术馆收藏的1件黑釉建盏，口径13.0厘米、高5.2厘米、足径4.5厘米，是此式的标准器。（见图版9）

**敞口碗** 仅见一种形式。敞口，腹较浅，壁斜直或微有弧度。有中、小型器。口径与通高的比例多大于2：1。建窑遗址出土的1件黑釉敞口碗，口径12.7厘米、高4.8厘米、足径3.7厘米，是此式的标准器。（见图版10）

上述各类碗式中，A式束口碗、敛口碗、撇口碗在历次窑址发掘出土时数量都很多，因此它们都是建窑最典型的器物，其中又以A式束口碗最具特色，是建窑首创的上乘造型。撇口碗、敞口碗则是宋代流行的式样，宋代文献中通称为“擎”。众所周知，瓷器的制造烧成一般要经过瓷矿粉碎、淘洗、炼泥、制坯成型、上釉、装窑、焙烧等几个工序。建窑采用地产的含铁质较多的瓷矿土，宋代闽北地区水碓加工机械已很盛行，普遍应用于瓷矿粉碎、淘洗过程。

建盏的胎体中，可以观察到许多细小的白褐色砂粒，但它们的分布都很均匀，罕见粗细不匀的砂粒，虽然用手触摸感觉粗糙，但一般都没有出现明显的裂隙或较大的孔洞现象，说明淘洗后的瓷土经过较长时间的炼泥，成为黏结性能良好的坯泥，加上较充分的窑炉焙烧，使之成为烧结致密、坚硬如铁的器体。胎骨的呈色以灰黑色居多，其次是深灰色、黑色、黑褐色，这四种胎色致密度好较厚重，是建盏的主流色。还有呈现灰或红褐色的，后二者主要是一部分中小型的碗，出现这二种呈色的原因，可能是某个时期胎料成分略有变化或泥料陈腐炼泥时间较短所致，如果火候较高，仍能烧出较硬的胎质和较美观的釉色花纹。还有一种可能是装烧时放置偏离窑室中段的关系，造成火候不足或气氛不稳定，因而发生胎体颜色的变异，如果是这种情况，则成次品了。

建盏的制坯成型，采用轮制工艺。从出土瓷质圆箍、轴顶碗、拨手（图17、18）等陶车部件状况看，轮制工艺是在陶车上进行的。这种陶车的构造由木转轴与轮盘组成，木转轴的中央固定一根硬木柱，周围用木筒套住，下部内侧用瓷箍嵌紧，柱上部旋削成圆锥状的轴顶。安装时，先在地面挖一圆洞，把硬木柱埋入洞内，柱尖略高于地面。木套筒的顶面用圆形的转盘覆盖，底面中央嵌入轴顶碗，与木柱尖吻合，转盘表面一侧嵌有瓷质拨手，使用时转动拨手，置坯泥于转盘上旋转进行手工拉坯，制作出所需的碗型（图19）。这种陶车工艺使用的时间非常悠久，现在闽浙偏僻山区依然见其遗制。建盏是圆器形态，使用这种陶车成型无疑是一种简便易行的方法。

从成型工艺看，建盏的口沿较薄，唇部呈尖圆状态，制坯时口沿以下胎体逐渐加厚，至腹底部及足部最厚，大约是口部的2倍左右。碗体初成后经过修坯处理，口、腹交接部位旋坯痕迹较明显，在腹部与足部交接处进行旋削，用竹刀把多余的坯泥削掉，于是腹底部形成一周明显的棱脊线，这道棱脊线又可视作施釉时所预定的界限，即釉水所达到的标准位置线，因此简称施釉线。此线与腹足交接处之间，形成倾斜的坡面，表面平整或微有弧度，宽窄是比较均匀的，坡面与足都交接的折角一般大于90°。足墙竖直，足根平切或略微向内斜切，矮圈足浅挖近似实足，圈足内墙稍微倾斜，内底平整无旋削或泥钉痕迹。圈足的宽窄与器型的大小成正比，即器型小的圈足较窄，器型大的圈足较宽，但总体感觉是窄的，未出现玉璧状的情形（图20）。

建盏形体规整，器物的口沿、腹部交接部位，线条衔接流畅，表面较圆滑，反映轮制技术水平是娴熟而规范化的，工艺上追求严谨的作风，充分体现了浑厚古朴的艺术韵律。

图17.陶车部件　黑釉轴顶碗（宋）
福州民间收藏

图18.陶车部件　黑釉瓷拨手
福州民间收藏

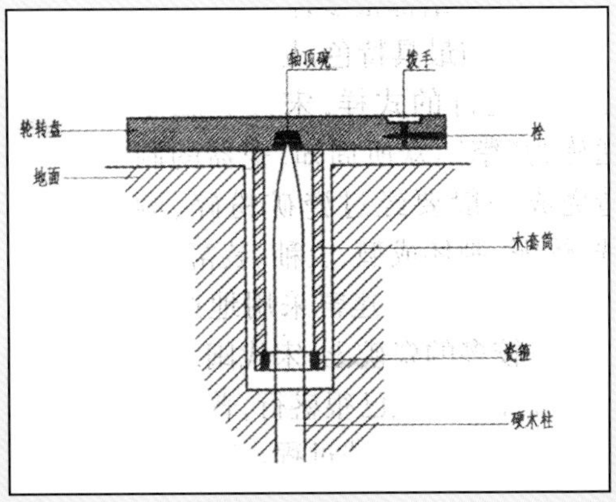


图19.陶车剖面示意图

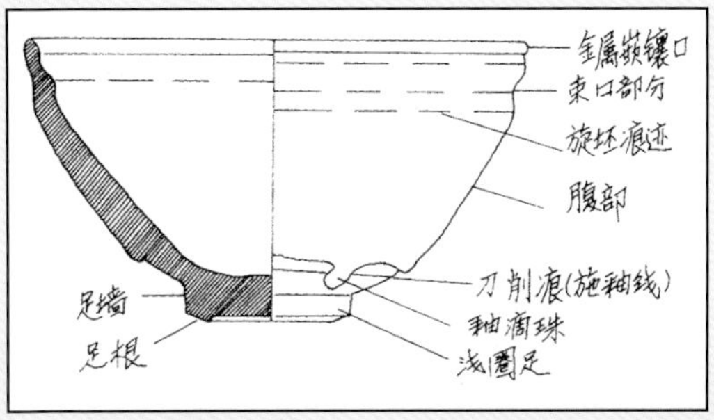


图20.建盏束口碗各部位名称示意

图21.建窑黑釉碗（宋）
福建博物院收藏

## （二） 自然多变呈釉色

成型后的建窑碗，采用蘸浸法施釉，从器体釉水的状况观察，它的施釉过程大体是这样的：首先把晾干的碗坯倒置，用手捏住碗的圈足，取水平方向向下浸入釉浆，接近碗坯腹底部施釉线处停留，缓缓来回转动，使坯体均匀地吸饱釉浆，胎釉互相黏连，然后从釉浆中取出经过风晾再装窑焙烧。烧成后的碗体，釉水通常作垂流状，口沿釉药极薄，最薄的只有1毫米，呈赭褐色近似露胎状，口沿以下釉药逐渐增厚，腹内底中央与腹外底的釉药沉积最厚，有的可达7-8毫米，腹外底的釉药一般聚集至施釉线，形成一周圆圈的厚层，有一部分则因垂流过重的缘故而超越施釉线至腹底部及足根部，聚成圆珠状。明代曹昭《新增格古要论》说，建盏"滴珠大者真"，指的就是这种情形。

从器物的断面观察，釉层与胎体结合紧密。釉层细致坚硬，具有强烈的玻璃质感。

建盏的釉，属于我国古代结晶釉的范畴。在窑炉焙烧的过程中，由于火候与气氛的原因，它会呈现出各种自然奇特的花纹。这些花纹，与一般的釉下彩绘或釉上彩绘不同，它不是人工在器物上描绘或刻画出来的图案，而是釉水本身产生变化的结果，在陶瓷工艺学中称为"窑变"。建窑的成功之处，就在于结晶釉的窑变花纹，但是由于烧成技术的关系，花纹的形状不可能固定于某一种形状，同时也不是所有的建盏都具有窑变的效果，这就使得烧成后的釉色复杂多变。同一件器物的同一种釉色，就有深浅变化。同一件器物，往往同时出现两种以上的釉色。而且加之窑变的花纹，或浮于釉层表面，或沉于釉层之中，使得釉色更加丰富多彩。工艺学家多归纳为兔毫釉、鹧鸪斑釉、曜变釉等进行研究，由于比较专业而显得技术深奥，尚未能概括全部。为了深入浅出地全面揭示建窑工艺的技术成就，也便于阐述具体特征，本书把釉色、花纹分别理论。以往对建窑釉色的分类，名称不尽统一规范，本节的釉色划分，根据美术学色谱构成的原则，依主要成分区别为黑釉和杂色釉二大类，它们皆属于一次性施釉性质。

### 1. 乌黑、绀黑和青黑

黑釉是建窑标准的本色釉，大多作为底釉并呈现自然奇特的纹理，也有作为单色釉而存在的。据其色彩差异划分为三种情形。

一是纯黑色，乌黑如漆，表面非常光亮，后人俗称为乌金釉。建窑以铁作为着色剂，是一般意义上的黑釉。真正意义上的乌金釉，是清康熙时期景德镇新烧的一种光润透亮、色黑如漆的纯

正黑釉，采用地产乌金土（含铁量 13.4%）制釉，还含有少量锰与钴的成分。与之相比，建窑黑釉不如它平滑干净。（图21）

二是蓝黑色，黑中泛起天青色，釉水滋润，是建窑的典型釉色。宋代文献称为“绀黑”，诗文中叫作“紫瓯”，都是指此类釉色，明清时期陶瓷著述中则称为“紫建”。其中深沉厚重的，宋代文献称为“青黑”，是建窑珍贵的釉色。美术学色谱中，红、黄、蓝是三原色，黑色是三个原色互相混合的结果。“绀黑”之“绀”，属天青色的范畴，是一种深青透红的颜色。由于蓝的元素居多，故称蓝黑。（见图版11）

“青黑”之“青”，亦属于蓝色谱系，比普通的蓝显得更深邃一些，所谓“青出于蓝而胜于蓝”，故“青黑”亦属“蓝黑”的范畴，色彩较浓重。（见图版12）

蓝黑、绀黑、青黑目前在建盏釉色称名中都在使用，在色阶上都同处一个等级，即都以黑为辅衬地、蓝为主色调，如果按色素的浓淡深浅微妙变化排出一个序列，那么是蓝黑泛蓝，绀黑泛紫，青黑则泛青。

三是黑褐色，以黑为主色调，但略带有稍黄或泛红的成分，光泽度比纯黑浅淡一些，釉层也比较厚实，类似乌黑。（图22-1、22-2）

**2. 酱、褐、青、灰、白杂色釉**

杂色釉是建窑次生的颜色，其胎釉成分与黑釉基本相同，由于在窑炉焙烧过程中窑位、火候或气氛等原因，造成色彩变异，也别有情调，有下列几种情形：

**一是酱、褐釉。**酱、褐是两种非常近似的颜色，都含有红、黄、蓝色素，但含量略有不同。酱色以红居多，褐色以黄、蓝居多而偏绿一些。常见红褐色，还有青灰、灰褐、黄褐、酱红、酱褐、酱黄等。釉层显得薄些，滋润度也差些。也有人把此类归入紫釉系列，不甚确切。其中酱红釉亦称柿红釉，有人把它说成铜红釉的一种，则是错误的认识。酱褐类釉色不稳定，比较多变，光泽度不够强烈，具有细小的冰裂纹，有的还密布极不规则的褐色小斑点，下垂现象比较少见，器物口沿部分稍带铁锈色，或者釉药口沿较厚，近底周部分釉层则较薄，或者釉层呈不规则的皱折，露胎部分显示出红褐色胎骨。它们一般都作为单色釉而存在，也有呈现窑变纹理的，但清晰度较黑釉逊色。（见图版13、14）

图22-1.建窑“进盏”铭黑褐釉束口碗（宋）

图22-2.建窑“进盏”铭黑褐釉束口碗底部（宋）
武夷山古泉斋收藏

**二是青绿釉。**有青绿、黄绿或青褐色，釉层厚薄均匀，火候高。玻璃质感强，釉面有冰裂纹。此类釉色一般都作为单色釉而存在，或者内底及腹外底积釉成黑色，民间俗称茶叶末（见图版15）。也有少量作为底釉并呈现兔毫纹，南宋诗人陆游诗曰“绿地毫瓯”“银毫地绿”指的就是此种建盏，当时也是一种著名的品种。（图23-1、23-2）

**三是灰釉、白釉等杂色。**灰有浅灰、深灰、灰青，白有米黄、乳白、灰白，质量参差不一，釉层厚薄不匀，其中有少数火候较高但气氛差的作品，如灰釉中的灰皮、白釉中的灰白等，光泽度较强。多数火候或气氛差，有的开冰裂纹，有的显示出不甚规则的橘皮纹或疵点，在质量上多属次品，也有一些收藏者喜欢，认为别有玩味。

关于建窑瓷器釉色中，有一个非常值得探讨的问题，就是所谓“紫瓯”与“色紫”的说法。宋蔡襄《茶录》谓：茶盏“茶色白，宜黑盏。建安所造者绀黑，纹如兔毫。其坯微厚，熁之久热难冷，最为要用。出他处者，或薄，或色紫，皆不及也。其青白盏，斗试家自不用”。他的《北苑十咏》又称：“兔毫紫瓯新，蟹眼清泉煮。”[1]与“紫瓯”同义的，还有“紫盏”“紫碗”“紫玉”“紫泥”之类的斗茶用碗，屡屡出现在文人士大夫以及僧道茶家们的诗词歌赋里，它们都是建窑生产的黑釉碗盏（详见本书第三章第四节表五），这就产生了一个问题，蔡襄所说的“出他处者，或薄，或色紫，皆不及也”，此处的“色紫”与诗文里所称颂的“紫瓯”之“紫”，岂不互相矛盾？显然它们就不是同一种釉色。已故著名陶瓷专家冯先铭先生曾经指出：“宋代不可能烧出紫色，利用锰金属烧成功紫釉要晚到16世纪后期，”宋代五大名窑之一的定窑中，有黑定、紫定，所谓的“紫定”应定名为“酱釉”或“褐釉”比较确切[2]。由此可见，真正的紫釉，宋代是不存在的。那么蔡襄所说的“色紫”和“紫瓯”显然都是与紫色相近似的颜色，哪一种更接近呢？“出他处者”的“色紫”，建窑也有酱釉、褐釉色，是建窑的次生色而非标准色。建窑以外的窑场也能烧造出这种平凡的釉色，不值得诗人们津津乐道。以蔡襄为代表的文人士大夫及僧道诗人，几乎都是斗茶的行家里手，他们眼中的“紫瓯”“紫盏”“紫碗”之类的“紫”，只能到蔡襄自己提出的“绀黑”里去找答案。

绀黑之黑，比较容易理解。绀，宋代字典《集韵》载：“绀，（读音）古暗切。（引）说文：帛深青扬

图23-1.建窑绿釉兔毫纹碗（宋）

图23-2.建窑绿釉兔毫纹碗内里（宋）

福州卢明收藏

[1] 《蔡襄集》，643页、33页。

[2] 《冯先铭陶瓷研究与鉴定》，冯先铭著，紫禁城出版社，2009年版，107页；《冯先铭中国古陶瓷论文集》，冯先铭著，香港两木出版社，1987年版，200页。

图24.建窑“卅九”铭黑釉白毫碗俯视（宋）
南平陈大鹏收藏

赤色”，又有“髟甘，发青绀色”；《宋本广韵》记：“绀，青赤色也。”现代王力《同源字典》引“论语·乡党：‘君子不以绀𫄸饰’，集解：‘绀𫄸，紫玄之类’”。朱骏声曰：“按紫喻绀，玄喻𫄸”；《辞海》：“绀，天青色，一种深青带红的颜色。”[3]所以，古往今来，绀色都被认为是最近似紫的一种颜色。从美术学色谱构成元素看，紫是蓝红合成的颜色。黑则是黄、蓝、红三原色混合而成的颜色。建盏的口沿多釉薄甚至露胎呈现赭色，赭也以红为主调。总之，绀黑建盏整体色相以蓝红偏多，因而从外观色彩上看都极近似紫色。紫是一种神秘而祥瑞的色彩，《史记·老子传》集解引《列仙传》云：“老子西游，关令伊喜见有紫气浮关，而老子果乘青牛而过也。”[4]故有“紫气东来”之说。因云霞映日而成紫色的高空称作“紫虚”，紫色袍是古代公卿服饰，古人以紫微星垣比喻皇帝的居处，因称皇宫为“紫禁宫”。以紫色冠名斗茶的碗盏，还有那些釉色呈现出来的奇妙花纹，寄托了诗人们太多的联想。

## （三）美妙奇特现花纹

建盏的窑变花纹，由于变化多端，古今中外的学者曾经给予不少命名，但见仁见智，至今未有统一的命名分类。其实，以宋代的文献记录为基准，结合考古出土品和传世实物的资料，还是能够梳理清楚的。南宋时期建阳人祝穆在他编撰的《方舆胜览》一书中，进行过概括性的分类，原文写道：

“兔毫盏，出瓯宁之水吉。黄鲁直（庭坚）诗曰：‘建安瓷碗鹧鸪斑。’又（蔡襄）君谟《茶录》：‘建安所造者绀黑，纹如兔毫。’然毫色异者，土人谓之毫变盏，其价甚高，且艰得之。”[5]

在这一段记载里，祝穆除了总结前人所见的兔毫盏、鹧鸪斑碗以外，又另外发现了“毫色异者”，并从建窑产地的“土人”那里得知这一类碗叫“毫变盏”，可谓真知灼见。所以，建盏的窑变花纹，在宋代已划分为兔毫、鹧鸪斑、毫变三种类型，目前为止的考古发现和传世实物，也都在这些范畴之内。

### 1. 纤纤细细兔毫纹

这是建窑最为流行的品种，或在黑色釉层中透露出均匀细密的筋脉，或呈现于釉层之上，形状像兔子身上的毫毛一样的纤细柔长，故而得名。不过，由于窑炉烧成的原因，或长或短，或纤细或略粗，一般来说，线条

[3] （宋）丁度著，《集韵》下册，1291页，北京中国书店，1983年版；《宋本广韵》，421页，北京中国书店，1982年版；《同源字典》王力著，商务印书馆，1982年版，604页；《辞海》缩印本，1158页。
[4] （汉）司马迁著，《史记》第7册，中华书局，1973年版，2141页。
[5] 《方舆胜览》卷十一。

不够细长但错落有致密集分布的情形居多，线条细长匀密分布的状况较少。线条流动或笔直或略有弯曲，其基本特点是线条分布都很密集，如果线条分布很稀疏，则不似兔毫。宋代诗文中有“兔毫紫瓯”“兔毫紫盏”“兔毛斑”“玉兔瓯”“兔褐金丝宝碗”“兔毛”“兔瓯”“兔毫”“银毫”“盏毫”“毫瓯”“长毫瓯”“毫盏”“银毫瓯”“毫杯”“兔毫霜”“兔毫瓯子”等称颂之名。按色彩变化，有三类情形。

一类是蓝毫，皆以蓝黑为地釉，釉层中闪烁青蓝、湖蓝、蓝灰诸色毫纹，蓝毫多会产生银色的光芒，光芒或强或弱。强烈者呈现射线状浮现于釉层表面，察其底色，乃是釉层中的蓝毫无所改。故日本著述中称之为“银青”或“青兔毫”，我国陶瓷工艺学者称之为“银蓝”兔毫。近代民间俗称“蓝兔毛”。此类兔毫纹与蓝黑釉相为交融，显得格外幽深清澈，精光内涵，底蕴十足，宝气辐射闪亮，具有玉润玄光的艺术魅力。宋代诗文中“兔毫紫瓯”之类的词句，一般都是此类花纹的建盏。但兔毫条纹纤细流畅而柔长的较少见，故宋徽宗《大观茶论》云：“盏色贵青黑。玉毫条达者为上。”青黑是蓝黑釉中深沉浓重者，更兼兔毫纹纤长柔润如玉，刚柔相济，堪谓兔毫纹建盏中的极品。

二类是银毫，以银灰、银白为标准色，有从黑色釉层中透出者，也有浮于黑色釉层表面者，毫毛粗细长短皆有，滋润而闪现晶莹的银色光芒，即宋代诗文中的“银毫”。以细长匀密表面浮现玻璃光芒的为珍品。银毫犹如在黑地上描绘出来的笔直长线，熠熠闪光。

值得注意的是，在一些看似银兔毫的建盏釉水表面，覆盖着一层银灰或银白色薄膜，亮泽闪光，其下釉层中呈现的兔毫纹，仔细观察，不一定是银兔毫，也可能是金兔毫或蓝兔毫，只不过被表面的银光所遮挡迷惑，由于这层薄膜的关系，兔毫纹若隐若现，殊为奇异。如果没有兔毫纹，那就是银灰釉了。（图25-1、25-2、图26-1、26-2）

三类是金毫，以黄褐为标准色，日本著述称之为茶色，滋润而闪金黄色光芒者为上品。宋代文学家黄庭坚诗文“兔褐金丝宝碗”，即是此类黄褐兔毫纤细的珍品。（图27-1、27-2）

上述三类兔毫纹，是建窑代表性的成功作品，共同特点是黑色底釉火候充足玻璃光很强，且气氛良

图25-1.建窑黑釉银白、银蓝毫纹碗（宋）

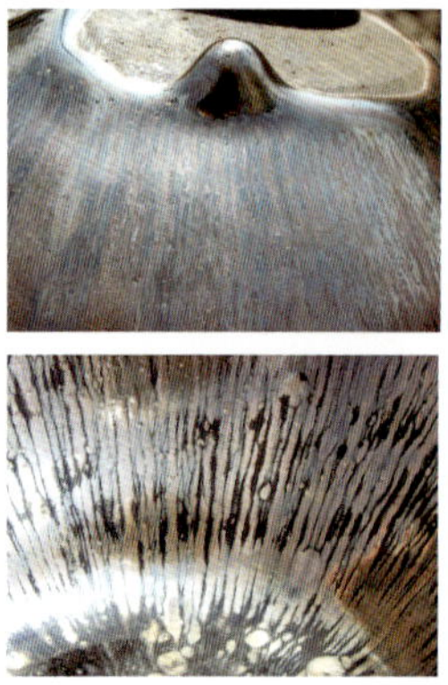

图25-2.建窑黑釉银白、银蓝毫纹碗局部（宋）
武夷山一榻壶斋收藏

图26-1.建窑银灰釉兔毫纹碗（宋）

图26-2.建窑银灰釉兔毫纹碗（宋）

**武夷山一榻壶斋收藏**

图27-2.建窑黑釉金毫碗内里（宋）

**福州卢明收藏**

图27-1.建窑黑釉金毫碗（宋）

图28.福建鹧鸪鸟

好烧成花纹清晰闪烁光彩耀眼，蓝毫闪蓝光，白、灰毫闪银光，黄毫闪金光。逊色于这三类的兔毫纹，表面玻璃光较弱或没有，可按纹理的色彩称名之，如白兔毫有白、灰白色，灰兔毫有灰、灰褐色，黄兔毫釉黄褐色、黄绿色等。（图24）（见图版16）

另有“绿地毫瓯”“绿地毫盏”，则是青绿色底釉，玻璃光强，并隐现兔毫花纹而得名。南宋诗人陆游喜欢此类作品。

凡有兔毫纹的黑釉建盏，都是一次性施釉，未发现第二次施釉而刻意呈现兔毫纹的状况。

下面介绍几件日本国收藏的兔毫碗珍品：

藤田家旧藏的1件中型束口碗，青黑釉地表面呈现茶色兔毫纹，腹下部釉厚聚。口沿黄铜复轮。（见图版17）

根津美术馆收藏的1件中型束口碗，漆黑釉地，兔毫纹发茶色、银色，口沿有油滴斑、兔毫斑，为稀有之品。（见图版18）

林原美术馆收藏1件中型束口碗，蓝黑釉呈现银青兔毫，发色艳丽银色光芒，口沿银复轮。（见图版19）

京都国立博物馆收藏的1件中型束口碗，漆黑釉发茶色细兔毫，口沿黄铜复轮。（见图版20）

五岛美术馆收藏的1件大型撇口碗，内外壁布满茶色兔毫。（见图版21）

**2. 点点滴滴鹧鸪斑**

数量仅次于兔毫，但形态富于变化，令人扑朔迷离。宋代文献中，最早记录此类花纹的，是北宋初年陶谷《清异录》：“闽中造盏，花纹类鹧鸪斑点。试茶家珍之，”[6]清代光绪年间寂园叟（陈浏）《陶雅》说：“兔毫盏，即鹧鸪斑。鹧鸪斑痕宽，兔毫针瘦，亦微有不同。”[7]认为兔毫与鹧鸪斑只是毫毛宽窄的差异，因而把二者混为一谈。20世纪50年代，由于建窑遗址中未发现兔毫纹以外的鹧鸪斑碗标本，又有人认为鹧鸪斑是江西永和窑的独特风格，《清异录》记载的“闽中造盏，花纹类鹧鸪斑点”，应为永和（吉州窑）之误，试图否定建盏鹧鸪斑的存在。20世纪80年代以后，建窑遗址中相继发现带斑点和粗线条状的花纹碗。于是有的学者认为带斑点的就是《清异录》所记载的鹧鸪斑，也有的认为粗线条状的也是鹧鸪斑，因为它们

[6] （宋）陶谷撰、李益民等注释，《清异录》，中国商业出版社，1985年4月版，84页。
[7] 《陶说》，421页。

都类似于鹧鸪鸟羽毛上的斑点和条纹。对此，景德镇陶瓷学院的熊寥博士在他撰写的《中国陶瓷与中国文化》一书中做了如下的辩证：

“鹧鸪鸟的羽毛，通体不是呈现一种风貌，它的背羽为紫赤相间的条纹，外观同鹌鹑、沙鸡相像，胸羽白点正圆如珠，为其他鸟类所没有。……宋代文人心目中的‘鹧鸪斑’，不是指鹧鸪鸟的黑白相间的条纹，而是指其胸部遍布白点正圆如珠的羽毛，因为这种胸部散缀圆珠白点的羽毛，正是鹧鸪所独具的风韵。对此，唐宋文献也有记载。唐代刘恂《岭表录异》：‘鹧鸪……臆（即胸）前有白圆点，背上间紫赤毛，其大如野鸡，多对啼。’宋范成大《桂海虞衡志·志禽》曰：鹧鸪大如竹鸡，而差长，头如鹑，身文亦然，惟胸前白点正圆如珠，人采食之。”宋朝学者范成大在这里讲得很清楚：鹧鸪鸟除了胸前正圆如珠为其所独具外，身上其他羽毛，同鹌鹑类似。”[8]

熊寥博士的见解，是很有说服力的。鹧鸪是我国南方常见的鸟类，福建民间谚语有“山食鹧鸪肉，海食马鲛鱼”，笔者对至今仍生活于闽北一带的鹧鸪鸟进行观察，其体似山鹑而稍大，通体的羽毛都呈黑色，分布着许多卵圆形的白斑，其中又以下体的斑点较大（图28）。这样看来，鹧鸪羽毛黑地白点的外观突出了其主要特征，正是宋代建窑工匠经常观察而获得的深刻印象，因此启发了他们的创作灵感而烧制出类似花纹的黑釉白点碗盏。所以，用于比喻建盏此类花纹，其构成要素应落实在斑点上，宋代文献记载的建窑碗鹧鸪斑，应是斑点而不是条纹，无论斑点的疏密或大小。正如兔毫纹的呈色有多种变化一样，鹧鸪斑也不一定全都是白点，也允许有多种色彩，这是实际的情形。陶谷编写《清异录》时，已经注意到了其中的差异。原文说：“闽中造盏，花纹类鹧鸪斑点。试茶家珍之，因展

图29-1.建窑黑釉正点鹧鸪斑碗正面（宋）

**日本静嘉堂文库收藏**

图29-2.建窑黑釉正点鹧鸪斑碗内里（宋）

图29-3.建窑黑釉正点鹧鸪斑碗俯视（宋）

[8]　《中国陶瓷与中国文化》，浙江美术学院出版社，1990年11月版，331-332页。

蜀画鹧鸪于书馆。江南黄是甫见之，曰：'鹧鸪亦数种，此锦地鸥也。'"[9]在这里，陶谷谓"花纹类鹧鸪斑点"，"类"是关键，即类似，而不是纯正的鹧鸪斑点。黄是甫又把建盏鹧鸪斑与蜀画上的鹧鸪相比较，认为花纹与鹧鸪之一种的锦地鸥相类似，锦地鸥是何等模样今人不得而知，但它与闽地通常所见的鹧鸪鸟，在斑点纹分布形态或色彩上有所不一样，这是可以肯定的。

在国外，尤其是日本，14世纪以后，有关茶道茶具的著述中，描写建盏斑点花纹时，出现了"油滴""星建盏""曜变"等命名，此类的名称，则均不见于我国宋代的文献记录，它们仍然应归入宋代文献记录的鹧鸪斑范畴。但是日本人的有关命名，近代以来也被我国陶瓷著述所应用，似乎有约定俗成的倾向。考虑到这些因素，本书在进行重新分类时，区别为正点鹧鸪斑、类鹧鸪斑油滴、类鹧鸪斑曜变3种形式。

**正点鹧鸪斑**

斑点呈圆形或卵圆形，呈银白、纯白、卵白色，圆点较大，分布较疏朗而错落。日本东京静嘉堂文库收藏的一件建窑撇口碗，足底刻划"新"字铭文，灰黑胎，黑釉厚聚至腹底部垂流成滴珠状，釉面白色斑点不论其尺寸、外观都与鹧鸪的黑底白斑的胸毛极相似，属一次性施釉在窑炉中烧成而出现的斑点，是1件标准的鹧鸪斑建盏。（图29-1、29-2、29-3）

1988年在建窑水尾岚遗址出土的1件黑釉碗残器，足底刻"供御"铭文，通体施黑釉，呈现纤细黄色兔毫纹。碗内釉面上施有大的和小的椭圆、圆形斑点，呈白色状如珍珠，中央珠点比较密集，周围则比较疏朗，显然是人工以毛笔蘸白釉点上去的，属于二次施釉性质，与通常一次性施釉窑中自然烧成的有所不同。宋代著名文学家黄庭坚有"纤纤棒，研膏溅乳，金缕鹧鸪斑"[10]诗句，这里的缕，可解释为丝线状的长条，金丝兔毫纹与鹧鸪斑二者兼有，此建盏的出土，

图30-2.建窑黑釉"供御"铭正点鹧鸪斑碗残件（宋）
**福建省轻工业研究所收藏**

图30-1.建窑黑釉"供御"铭正点鹧鸪斑碗残件内里（宋）

图30-3.建窑黑釉"供御"铭正点鹧鸪斑碗残件（宋）

[9] 《清异录》，84页。
[10] （宋）黄庭坚著，《满庭芳·茶》，引自唐圭璋编《全宋词》第1册，中华书局，1995年6月版，386页、401页。

图31-1.建窑黑釉类鹧鸪斑红油滴碗（宋）
福州卢明收藏

图31-2.建窑黑釉类鹧鸪斑红油滴碗（宋）

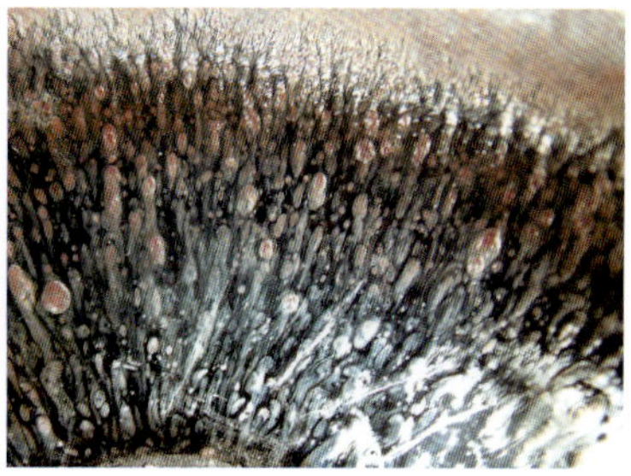

图31-3.建窑黑釉类鹧鸪斑红油滴碗局部（宋）

从而获得了实物的佐证。（图30-1、30-2、30-3）

**类鹧鸪斑油滴**

油滴，这是一种极为寻常的生活情景，几乎每天每人都可以看到。少量的油液滴在水面上，浮现出点点油珠，形成一个个小圆斑，光线照射在圆斑上，因为它们的表面异常平滑，反射率又比水高，所以产生强烈的镜面反射，这种现象在每天的餐桌上都会看到，所以用油滴去称名建盏的此类花纹，大多数油滴建盏都能产生镜面的反射银光现象。建盏油滴纹，其斑点大小不一，呈银灰、红褐、黄褐、蓝青诸色，民间藏家俗称“银油滴”“红油滴”“金油滴”“蓝油滴”。其分布或密集或疏朗，状如沸腾的油滴，又好像水面上滴上许多油珠一样，熠熠生辉。它们的斑点虽然不似正点鹧鸪斑的白色，但都是一次性施釉在窑炉中产生窑变自然形成，且以斑点为特征，可能是在偶然出现鹧鸪斑之后，刻意仿效，将釉料成分加以改变而烧成的结果，虽然不似白点，却派生出别样风情，理应归入鹧鸪斑类型，故名类鹧鸪斑油滴。油滴建盏在建窑遗址中已有实物出土，民间收藏中也有不少标本。正如正点鹧鸪斑是圆形、卵圆形，由正圆形稍有形状变化的原理一样，浮在水面的油滴也可以有正圆形、卵圆形或者从点状稍产生变化，形状延伸为随形短条状，也有一些断续的密集如网络状或蜂巢状分布，仍然视为类鹧鸪斑油滴范畴。其基本形状，都必须有点，无论是否延伸出线，无点则不成油滴，而且其线必然是一头大一头小的线条，以与兔毫匀细线相区别。（见图版22、23、图31-1、31-2、31-3）当然，圆形或卵圆形油滴也有密集分布如蜂巢或网状的情形，多出现在小型的碗盏里。

宋人黄庭坚诗文中还有“纤纤棒，冰瓷莹玉，金缕鹧鸪斑”之句。《辞海》：“缕”，有3种含义，一是“线，如千丝万缕，不绝如缕。《孟子·滕文公上》：‘麻缕丝线轻重同，

图32.建窑金兔毫小碗[上]（宋）
建窑金兔毫小碗局部[左]（宋）
**河南徐志伟收藏**

则贾（价）相若'"；二是"泛指线状物，冯延巳《鹊踏枝》词：'杨柳风轻，展尽黄金缕"；三是详尽细致，可知线条状物可称缕，并有粗细长短。所以黄庭坚的"金缕鹧鸪斑"，又可视为闪烁金黄色光芒的类鹧鸪斑点状及短条状油滴。（见图版22）

河南徐志伟收藏的1件建盏，黑釉层中粗短线条密集分布，有藏友认为是"金缕鹧鸪斑"，但细看未有点斑分布，所以应属金兔毫（图32）。总之，"金缕鹧鸪斑"构成有三要素：黄色或黄褐色闪金光；斑点不一定是白色；线条长短粗细不一，外观断续如丝如缕。其中，既有兔毫也有斑点的为标准器（见图版18）。

日本国收藏的几件油滴建盏甚为名贵：

大阪市立东洋陶瓷美术馆收藏的1件油滴天目束口碗，是传世油滴天目的第一名碗，1953年被指定为国宝。该碗口径12.3厘米、高6.8厘米，足径4.3厘米。内外黑釉厚挂，黑色地釉釉层中，散布大大小小的银色油滴斑，大个的油滴直径达2～3毫米，大而鲜艳的油滴是此碗的突出特点。口沿以黄金镶嵌，称为金扣或金复轮。足部露黑胎。（图33-1、33-2、33-3）

与之合称油滴双璧，被指定为重要文化财产的，是日本国文部省收藏的1件建窑中型束口碗，灰黑胎，挂青黑厚釉，釉水垂流至底足，釉面呈现银灰色密集斑点，油滴的直径较前件略小，口沿为银复轮。（见图版24）

日本德川美术馆收藏的1件建窑中型束口碗，灰黑胎，挂蓝黑厚釉，釉面呈现细小密集的银色斑点，在底釉的映衬下犹如夜幕下的繁星，俗称星建盏。此碗油滴比较艳丽，外口沿下的油滴斑之间分布着乳白色的毫纹，局部花纹形貌色彩上被认为是曜变的一部分残余。（见图版25）

根津美术馆收藏的1件建窑中型束口碗，油滴的分布比较疏朗，局部有一部分油滴流散成兔毫。林原美术馆收藏的另1件建窑中型束口碗，蓝黑的釉层中油滴疏朗而细小，看来都各有特色，皆被视为珍品。

**类鹧鸪斑曜变**

圆点散布稀疏，而且有数点相聚合成虫体状，焕发出彩虹般的光芒，由于具有特殊的光耀色彩变化而得名。日本静嘉堂收藏的一件建窑束口碗，色彩异常绚丽，通体施有光泽的黑色玻璃质釉，釉层表面有很多大大小小的凹凸。碗内层的斑点是黑色的，没有光泽。斑点内有一部分呈黄白色，在斑点的周围和中间则呈现青白色，有些地方还带青紫色。曜变斑广布于碗内壁，形状不甚规则，排列也无规律。外壁上也可见到很弱的青紫色光彩，这种光彩是从器表薄膜状的黑釉表层中闪耀出现的，能够随着所视方向移动而移动，被形容为“神秘的光芒”。斑点和青紫色光彩是曜变的基本特征，它是一种特殊的鹧鸪斑的变异品种，在日本国收藏品中，此类标准的曜变建盏仅3件，它们分别是：东京静嘉堂（见图版26）、京都龙光院（见图版27）、大阪藤田美术馆的收藏，都号称大名物，宣布为国宝。建窑遗址中也罕见此类标本出土，完整器未见。

日本龙光院收藏的国宝第二号曜变天目茶碗，中国著名陶瓷工艺学家陈显求教授亲自鉴赏，他写道：“碗内的釉面上放射出道道霞光，釉面上曜变的分布量比静嘉堂国宝较少，但闪烁着的七彩丝毫也没有逊色，特别是在碗壁与碗底交界处的某些部位，明显地放射着鲜蓝色和青绿色而且边界分明的毫纹。最令人惊叹不已的是，整个宝物的黑色釉层内放射出紫色的霞光，随着不断转动满室宝光浮动，正应“紫气东来”之兆，冥冥间有如神在，这就是宝气？这就是此宝的艺术之神？其艺术的精髓随着紫光撒人间并且永恒地与世长存？釉层透暗蓝，万道紫色霞光正是此宝的特征，是其他曜变所没有的，其神韵是无法从彩色照片表现出丝毫的。经过仔细观察，陈教授将3件日本国宝的曜变天目碗归纳为如下共同特征：

（1）碗内釉面上有直径大小不等的圆形和椭圆形的斑点，状如豹皮，有些斑点的中部有土黄色的核心。

（2）斑点之间，特别是其周围有薄的干涉膜，同时有些地方从口沿

图33-1.油滴天目碗（宋）
日本大阪市立东洋陶瓷美术馆收藏

图33-2.油滴天目碗内里（宋）

图33-3.油滴天目碗底足（宋）

图34-1.建窑黑釉类鹧鸪斑曜变碗内里（宋）

图34-2.建窑黑釉类鹧鸪斑曜变碗（宋）
杭州古越会馆收藏

到碗底方向上出现流畅的兔毫纹。由于薄膜干涉的物理光学现象，动态地从不同角度观察时，毫纹可以产生出整个可见光谱所含的异常艳丽的彩色变异。

（3）在阳光照射下，由于内反射，釉层会放出宝光或佛光。例如放黛色光，转动中不时出现小珠状包裹体（静嘉堂曜变），放出蓝紫色光，转动时强时弱地闪动（龙光院曜变）以及放出暗棕色光，转动中偶然看到釉内有几个闪烁的金星结晶（藤田美术馆曜变）。

这三项特征最强烈者为静嘉堂的曜变天目盏，故被公认为天下第一名碗[11]。

曜变天目盏，以往在我国尚未发现，遗址出土标本，也只有一二件斑点残片小件。近年杭州古越会馆收藏有1件曜变建盏残器，口径12.6厘米、高7厘米、足径3.8厘米，与日本静嘉堂曜变天目碗十分相似，据说该器2010年出自杭州市东南化工厂原南宋皇城遗址工地。这是目前为止我国发现的唯一的曜变建盏，弥足珍贵。（图34-1、34-2）

### 3. 艰难得之毫变盏

按祝穆《方舆胜览》的记录：“然毫色异者，土人谓之毫变盏，其价甚高，且艰得之。”这段记录，一向未引起后世研究者的注意。随着现代考古发掘出土品的问世，此类花纹的建盏获得实证。根据祝穆记录的情形，此类花纹应该具备三个特点：一、它是一种变异的毫毛状的花纹，不同于通常的兔毫；二、它的花纹呈色与兔毫常见的呈色不一样；三、它的数量很少。

图35.建窑黑釉毫变纹碗残片（宋）
福州市考古队收藏

1990年5月，在大路后门北宋晚期Y1出土的一件完整的束口碗，使今人第一次见到了它的真实面目。原报告是这样描述的：“在有光泽的黑中透蓝的底釉上流淌着一道道鲜艳的黄色釉彩，两种釉色形成强烈的对比，耀眼的美丽色彩，给人以美的享受。此种釉纹的出土是建窑窑工的杰出创造，为建窑黑釉瓷的面貌增添了光彩。”但原报告把它定名为“鹧鸪斑”釉纹碗，不符合鹧鸪斑圆点状的特征，名不符实。又有的学者把它叫作铁锈斑，所谓铁锈应该是褐色或绿褐色的，所以这种定名也不确切。

---

[11] 陈显求著，《扶桑鉴宝记》，《广东陶瓷》，1988年2期。

次感。构成银色鹧鸪斑结晶物质被判断为磁铁矿（四氧化二铁）。

曜变斑，其实是圆环周围的薄膜，它像光晕，以圆环为中心向外散射，构成斑纹的物质较分散、最自由，能冲破形的束缚。其主要特征是"影像"，而不是"形状"。这些"影像"是结晶物质在釉面剧烈动荡下的踪迹，实质是"形状"剧变的结果，这些"影像"隐隐绰绰，清晰不一，飘忽不定。所以它没有具体的形状，可以说是无形之形，无状之状，玄之又玄。曜变斑在釉面上的分布也最无规律，最不均匀。是国际公认的瓷釉艺术神品，其结晶非常小，即使放大400倍也不能一一分辨出它们的形状，其上的薄膜估计约万分之一毫米。

法国物理学家德布罗意1924年提出"物质波"理论，认为与光子一样，一切物质同时是有波的特性和粒子的特性，即波粒二象性。李达先生在实践中体会到，深层的物质颗粒小，具有明显的波动性，而且这些物质不稳定，很容易被污染变质（即被氧化变灰色斑）或熔入釉中使自身消失。深沉的斑纹形与色收敛沉静，实质变化很大。建盏器型小且简单，内在却藏有万变，所以作品个性明显。它受到坯胎、釉料、窑火、气氛的制约，真正体现了土与火艺术的传神之变。

李达先生细致入微的观察和深入浅出的科学解析，有助于鉴赏者对建盏斑纹形成机理与形神意境的理解。

## （五）"供御""进盏"写款识

宋代建窑瓷器外底及其一起共存的窑具匣钵、垫饼中，有刻划、墨书或模印的款识，可归纳为姓氏名字、数码、符号和贡品铭文等 4 种类型。

款识中可以明确定为姓氏名字的，有"张""张一""黄""吴""金""李""孟""王""王甲""陈""陈七""炎""尖记""中宝""郎"等。还有带数码的也可归入名字类，有"五七""五七家务""廿九""大八""长口念八""小九""四六""小七"等。宋代男子称某某郎，妇女称某某娘，"郎"字的前面多带有同宗同辈按长幼次序排行的数字，浙江湖州铜镜常见石某郎、石某哥、石某叔，如"石二郎""石小二哥""石十郎""石十二郎""石念二叔""石大十郎"等。宋元时期劳动人民又常以数字命名，1974年在泉州后渚港发现的宋代沉船出土人名牌签中有"六十""三九工"。所以建窑出土的这些带数码的文字，可视为某某郎或直接的人名称呼，也可与上述"张一""陈七"相印证，而"五七家务"即"五七"这个人的家务。

数码类的款识，还有"一""二""三""四""六""七""九""十一""十二""十三""廿""廿四""廿九""卅"等，可能是窑工们计算产品数量的标记。

符号类的款识，有"≠""×"和龟背纹，可视为某窑工个人产品的标记。

标志性的文字如"新窑""新""中""正"等可能是器物入窑装烧窑位的记号，"新"则表示是属于新窑所烧或是某窑的新产品标记。还有一些"官□""监庄"类的铭文，是表示官府派员监督的意义，或者是监理官员预订的产品。其中，"官□""监庄""新窑"为戳印，其余为刻划。（图42-1、42-2、42-3）

值得注意的是，在1977年发掘出土的芦花坪北宋龙窑基址中，黑釉瓷器产品，窑工使用的青瓷碗和匣钵上重复出现"五七"标记。这个事实表明这条龙窑作坊场主可能属于"五七"这一家族的。至于基址内出土的其他姓氏文字或符号标记器物，可以理解为与之有关的陶工。元蒋祈《陶记》载："陶氓食工，不受艺佣，埽赁窑主，以相附合谓之䙡。"[16]意思是说以自己手艺为生，不受别人雇佣的窑主，把窑炉租给制坯的用户使用，自己也参与其事，然后各自从中分成得利。这种窑主与坯户合作的宾主关系叫作"䙡"。因此，可以理解

[16] 引自《中国陶瓷与中国文化》，202－203页。

为："五七"窑主出租窑炉，与其他坯户合作烧成瓷器。这种合作，窑炉的主权为窑主所有，他与坯户的合作可以是临时的，也可以是长期的，主要根据他们之间制订的合同协议。

还有一种可能的情形是：由于瓷器生产规模宏大，非一家一户所能胜任，于是居住同一村庄中的农民数家合作经营建造窑炉。具体做法是，产品先分散到各家各户自行制作器坯，然后再集中起来装室烧成。每次入窑烧成的产品分别打上记号，文字中出现的"合口""二合""六合"即表示合伙烧制记号，这种情形在我国古代民间窑业中是比较常见的。

从款识反映的情形看，有某一个窑主出租窑炉或数家合伙经营某一座窑炉烧成瓷器，是建窑民间生产的基本方式。

建窑款识中最为常见的是贡品铭文，文为"供御"或"进盏"，或模印于垫饼上，作阳文反体；或直接刻写于器足内，作阴文正体，通常都是楷书（图43、图44）。"进盏"类全名文还发现有戳印与器足内的阳文。其意义很明显，就是产品进献给宋朝宫廷使用，是建窑生产贡品的实物依据。宋《宣和遗事》载：北宋徽宗政和二年（1112），"以惠山泉、建溪异毫盏、烹新贡太平嘉瑞茶，赐蔡京饮之[17]"。惠山泉，位于今江苏省无锡市西郊惠山，宋代时号称"人间第二泉"；建溪异毫盏，即建窑烧制的黑釉毫变纹茶盏；太平嘉瑞茶，是宋代福建路建宁府北苑御茶园出产的饼状贡茶。这个文献记录印证了建盏作为贡品的事实。但建窑并非官窑，官办的瓷窑称官窑，其产品为宫廷所垄断。宋代官窑有北宋汴京官窑、河南清凉寺汝官窑、南宋杭州修内司官窑、郊坛下官窑，至明清两代则有景德镇御器厂，还有一部分瓷器在御器厂内成型后，搭在民窑内烧成，称为"官搭民烧"，其产品皆称为官窑器。与官窑器的生产方式不同，建窑是由于产品质量精良而被列入贡品，属于"有命则贡，无命则止"的范畴。根据建窑历次发掘的情形看，北宋中晚期至南宋中晚期窑址中都发现有"供御""进盏"铭文的器物，说明建窑在宋代是长期烧造贡品的。

图43."供御"铭垫饼、碗底（宋）
福州民间收藏

图44."进琖"铭碗底（宋）
福州民间收藏

[17] 曹济平点校，《宣和遗事》，江苏古籍出版社，1993年3月版，16页。

# 第三章 建盏兴衰

关于建窑生产黑釉瓷器的年代，以往学术界多笼统地称为宋代，或以为“入元犹盛”，至于其兴衰的具体年代，尚未做过全面系统深入的探讨。了解建窑的兴衰，不仅在于确定其生产年代，而且对于其产品销售地域以及与其他窑口的关系都具有重要意义。以下从4个方面进行研究。

## （一） 窑址考古年代观

建窑传世或出土器物中，有3件尤其令人注目：

一是福建省博物馆曾经收藏的一件黑釉兔毫纹束口碗，底刻“雍熙”二字铭款（图45），雍熙为北宋太宗的年号，当为984－987年。二是1982年香港出版的图录中，有一件黑釉盏底刻“至道”年款，至道也是北宋太宗的年号，当为995－997年。以上这两件建盏均经过我国著名陶瓷专家耿宝昌先生鉴定。三是1955年南京博物院宋伯胤先生在芦花坪窑址调查时采集到的1件匣钵，外壁刻划有“绍兴十二年”字样，绍兴十二年是南宋高宗的年号，当为1142年。

另外景德镇陶瓷学院曹建文教授收藏有1件建窑黑釉罐，底部刻“至道”（995－997）铭文。武夷山古

图45.“雍熙”铭束口碗（北宋）
福州民间藏品

图46-1.建窑“至道”铭黑釉罐（宋）
**景德镇陶瓷学院曹建文收藏**

图46-2.建窑黑釉碗底刻“大中祥符四年冬”、中心刻“吉”铭（1011年）（宋）
**武夷山古泉斋收藏**

图46-3.建窑黑釉拨手柄部刻“大观三年”铭（1109年）（宋）
**武夷山古泉斋收藏**

图46-4.黑釉碗底刻“□政和七年辛卯岁六月初”、中心“池”铭（1117年）（宋）
**武夷山古泉斋收藏**

图46-5.酱釉敛口碗外壁腹下部刻“淳熙乙巳年”铭（1185年）（宋）
**武夷山古泉斋收藏**

图46-6.黑釉残耳面刻“靖康二”铭（1127）年（宋）
**武夷山古泉斋收藏**

泉斋收藏有5件建窑黑釉器：黑釉碗底刻“大中祥符四年冬”、中心刻“吉”铭（1011）；黑釉拨手柄部刻“大观三年”铭（1109）；黑釉碗底刻“□政和七年辛卯岁六月初”、中心“池”铭（1117）；黑釉残耳面刻“靖康二”铭（1127）；酱釉敛口碗外壁腹下部刻“淳熙乙巳年”铭（1185）。这些都有重要的研究价值。

这些刻款皆是瓷器入窑装烧时直接书铭的，是烧制的确切年代。（图46-1、46-2、46-3、46-4、46-5、46-6）

到目前为止，在窑址发掘资料中，已经明确烧制黑釉瓷器的龙窑有8座，皆在宋代。其中推测为北宋时期的有2座，北宋中期或稍晚的1座，北宋晚期至南宋早期的3座，南宋中晚期的1座，南宋晚至元代初期1座。北宋晚期至南宋早期的占较大比例。

上述龙窑遗址中，从目前已发表的报告资料来看，1977年发掘出土的芦花坪龙窑遗址含有可供年代判断方面的翔实资料。该址与黑釉瓷器共存的一件陶牌，正面阴刻两行楷书“黄鲁直书”4字，背面阴刻一行楷书“法一本”4字，可连读成“黄鲁直书法一本”，这枚陶牌是窑工直接刻写与黑釉瓷器同时烧成的（图47）。黄鲁直即黄庭坚，庭坚是名，鲁直是字，宋代分宁（今江西省修水县）人，出生于北宋仁宗庆历五年（1045），卒于徽宗崇宁四年（1105），与苏东坡、米芾、蔡襄号称宋代书法四大家。他

图47.陶牌拓片“黄鲁直书法一本”铭（宋）

擅长诗歌、书法，草书、楷书，自成一家。黄庭坚诗词中对建盏鹧鸪斑多有赞誉。黄庭坚在社会上备受赞誉，应是他中年书法艺术成熟以后，所以这块陶牌的出现约在北宋神宗熙宁年间。同地层还出土铜钱“元丰通宝”一枚，窑床底部出土“至道元宝”一枚。元丰为宋神宗年号，至道为宋太宗年号。可见此窑烧造年代上限自北宋中期，下限在北宋晚期。

年代最晚的黑釉瓷器窑址，是营长墘7号窑(Y7)，年代在南宋中晚期，被上层烧制青白瓷的6号窑（Y6）所叠压，6号窑（Y6）的年代在南宋晚期至元代早期。这座青白瓷窑是受景德镇窑工艺影响的，景德镇青白瓷开始于北宋，北宋至南宋早期常见刻划花装饰，南宋中晚期多印花，装烧工艺上南宋中期以后盛行采用支圈组合成的复烧窑具。营长墘6号窑（Y6）出土器物中，侈口深腹式碗、侈口弧壁式碗与景德镇窑南宋中晚期至元代前期的典型器物相似，但不见元代前期出现的折腰式枢府碗，器物上刻划云气、篦纹与莲菊花瓣等图案，模印的莲、菊、向日葵、飞凤、水禽、孩儿攀花、勾连云雷、连珠等图案，也多与景德镇窑南宋中晚期作风相似。该窑采用的支圈组合窑具覆烧方法也渊源于景德镇技法。

营长墘6号窑（Y6）是一座分室龙窑，器型中的侈口弧壁碗、撇口圈足盘、敞口平底洗和模印的荷、菊、飞凤等图案，以及使用支圈组合窑具覆烧的工艺，都与福建省德化县元代屈斗宫窑址型制风格相接近，但器物中仍使用刻划花的手法却罕见于屈斗宫窑址。因此6号窑(Y6)的年代确定为南宋晚期至元代初期，应该是可信的。这个发现为我们提供两种信息：

一方面，作为长期以来一直专烧黑釉碗盏的建窑来说，之所以改烧青白瓷，说明此时已遇到激烈的行业竞争和挑战，因而不得不改变初衷而另辟蹊径。

另一方面，既然此时的建窑窑火并未停歇，作为传统拳头产品的黑釉碗盏，仍然可能在其他窑炉中继续烧成，但已进入了它的衰落阶段。

## （二）　墓葬考古年代观

由于建窑时间长、规模大，在海内外墓葬、遗址中留下了丰富的实物资料，因而也提供了年代佐证。根据笔者收集的资料，出土有建盏的墓葬，计有20座，由于墓葬一般都具有相对或绝对的年代，所以是断代的重要根据，其出土建盏，也是现今进行鉴定的标准器（见图版31、32）。墓葬出土建盏情况整理如下表：

上述墓葬分布于福建、江西、浙江、江苏、安徽、湖北、陕西等地，其

**表三：墓葬出土建盏登记表**

| 序号 | 墓葬名称 | 出土建盏 | | 年代 | 资料来源 |
|---|---|---|---|---|---|
| | | 原报告描述 | 本书分类型式 | | |
| 1 | 福建顺昌大坪林场墓 | 黑釉兔毫茶盏2件。圈足极浅，胎深灰色，口沿露胎呈铁红色。施釉不及底，垂釉积聚一周。釉色绀黑，光亮滋润，毫纹清晰。标本22，撇口，通高4.8厘米、口径13.1厘米、足径3.5厘米。标本23，敛口，深腹，通高6.2厘米、口径12.3厘米、足径4厘米。 | 撇口碗A式中型,束口碗A式中型 | 北宋中期偏晚[出土铜钱最晚为宋神宗元丰（1078-1085）元宝] | 《文物》1983年8期，36页，图五：9，10；图版陆：6，7。 |

| 序号 | 墓葬名称 | 出土建盏 | | 年代 | 资料来源 |
|---|---|---|---|---|---|
| | | 原报告描述 | 本书分类型式 | | |
| 2 | 福建顺昌良坊墓 | 黑釉瓷类3件，均为兔毫盏。其中1件口沿破损。喇叭口，腹壁斜直，小圈足，造型呈漏斗状。釉色黑中闪现银色兔毫纹，口沿及腹下部露胎。胎骨呈灰褐色，坚硬。器高4.5厘米、口径10.4厘米、底径3.3厘米。 | 撇口碗A式小型 | 北宋中期偏晚[出土铜钱最晚为宋神宗元丰(1078-1085)通宝] | 《考古》，1987年3期，239页。 |
| 3 | 福建顺昌大干墓 | 瓷碗Ⅳ式，4件。侈口，唇微敛，小圈足，淡红胎，施黑釉，蘸釉不到底，露胎。高5.1-5.2厘米、口径10-10.3厘米、足径3.4-3.5厘米。 | 敛口碗A式小型 | 北宋晚期[出土铜钱最晚为宋哲宗元符通宝(1098-1100)] | 《考古》，1979年6期，507页。 |
| 4 | 福建浦城临江墓 | 瓷盏1件。敛口，弧腹，小圈足。施黑釉，腹底部露深灰胎，略有垂釉现象。口径残9厘米、高4.8厘米、底径3.5厘米。 | 敛口碗A式小型 | 北宋中晚期[同出有北宋景德镇窑青白镂雕熏炉，撇口碟等器] | 《福建文博》，1990年2期，52页。 |
| 5 | 福建浦城永兴墓 | 黑釉碗件,分二式。I式撇口，斜腹，平底稍内凹。施黑釉，外部半釉，腹部以下露深红胎，略有垂釉现象。口径9.8厘米、底径3.6厘米、高4.3厘米。Ⅱ式敛口，弧腹，小圈足。施黑釉，口沿及器身黑釉中带铁锈斑点。腹底部以下露灰褐色胎，略有垂釉现象。口径9.5厘米、底径3.4厘米、高4.5厘米。 | 撇口碗A式小型<br>敛口碗A式小型 | 北宋中晚期[同出有北宋景德镇窑青白釉盏托，执壶等器] | 《福建文博》，1990年2期，54页，图二：6、9。 |
| 6 | 武汉十里铺墓 | 瓷胎较厚，内口沿下有兔毛纹，内外为赭黑釉，口沿及圈足露紫褐胎，口径12.5厘米、高4厘米。 | 撇口碗中型 | 北宋大观以后 | 《文物》，1966年5期，61页，图九。 |
| 7 | 安徽合肥包永年墓 | 黑釉瓷碗1件,通高5.9厘米、口径12.5厘米、足径3.7厘米。敞口，矮圈足。胎质厚重坚致,内外满施黑釉,浓黑发亮.底部有少许墨汁。 | 撇口碗A式中型 | 北宋晚期宣和二年（1120)[出土有纪年墓志] | 《文物资料丛刊》，第3辑，177页，图四，文物出版社1980年。 |
| 8 | 浙江瑞昌何毅墓 | 黑釉瓷盏2件(M2：6.7)。型制相同。斜腹，侈口，平底。内腹满釉，外腹釉不及底。高5厘米、口径11厘米、底径3厘米。 | 撇口碗B式小型 | 北宋晚期宣和六年(1124)[出土有纪年地券] | 《考古》，1992年4期，331页，图一：1。 |

| 序号 | 墓葬名称 | 出土建盏 | | 年代 | 资料来源 |
|---|---|---|---|---|---|
| | | 原报告描述 | 本书分类型式 | | |
| 9 | 江西婺源张氏墓 | 黑釉兔毫盏1件，高5厘米、口径12.5厘米、足径4厘米。敞口斜壁，胎色灰黑，釉不过腹，由于流釉，釉色自上而下转深，有的地方黑褐发青绿，俨如鳖甲颜色 | 中型敞口碗 | 北宋靖康二年(1127)[出土有纪年墓志] | 《婺源两座宋代纪年墓的瓷器》，《中国陶瓷》，1982年7期，104页。 |
| 10 | 陕西蓝田吕氏家族墓 | 建窑兔毫托盏1件 | 托盏 | 北宋晚期 | 《考古》，2010年8期，50页，图四：左。 |
| 11 | 浙江吴兴皇坟山墓 | 建窑瓷碗1件。高5.3厘米、底径3.5厘米、圈足高0.3厘米、口径10.5厘米。除外壁底部露胎外，内外均施紫釉，釉色浓重。紫色中夹有一团团青蓝色，胎砂质较粗。 | 束口B式小型 | 北宋末或南宋初[出土铜钱最晚为宋微宗宣和(1119-1125)通宝] | 《文物资料丛刊》，第2辑，119页图四：4，120页图十，文物出版社，1978年。 |
| 12 | 福建南平店口墓 | 黑釉碗1件。敞口，弧腹，假圈足。施黑釉，口沿及器身黑釉中带铁锈色斑点。底腹部以下露深灰胎，略有垂釉现象。口径11.6厘米、底径3.6厘米、高4.6厘米。 | 敞口碗中型 | 南宋早期[同出有南宋景德镇窑系青白印花执壶，粉盒等器]，[地券中有“岁次壬子”铭，当宋高宗绍兴二年(1132)] | 《福建文博》，1989年1-2期，20页，图二：9；21页图三。 |
| 13 | 江西德兴徐衎大墓 | 黑釉盏1件，敞口，微弧腹，小平底。胎质粗黑而坚硬，盏体厚重。器身内外施釉，底部露胎。盏底见圆垫圈痕，盏外壁底部呈油滴状，乌黑明亮，内底显银光兔毫状。高4厘米、口径4.2厘米。 | 敛口碗A式小型 | 南宋早期<br>[乾道元年(1169)<br>[出土纪年墓志] | 《考古》，1995年2期，155页图一：9。 |
| 14 | 江苏南京江宁墓 | 黑釉兔毫碗1件，部分缺损。圈唇敞口，口沿外有一道浅显凹棱。斜弧腹，平底微内凹，底部阴刻有“三五”两字。内外施黑釉，外施釉不及底，内满施釉。釉色莹均，兔毫纹清晰。口径12.3厘米、底径4厘米、高6.5厘米。 | 束口碗A式中型 | 南宋初年至南宋中期[墓中出土铜钱最晚为宋徽宗宣和(1119-1125)通宝，1件定窑瓷碗包银边刻“秦待制位”四字，推测为秦桧之孙墓] | 《东南文化》，1988年2期，258页图三：3、6。 |
| 15 | 福建浦城仙阳墓 | 碗1件，分二式。I式敛口，口沿曲折，弧腹，假圈足。施黑釉，口沿及器身呈现白色兔毫纹。腹底部以下露深灰胎，略有垂釉现象。口径10.3厘米、底径4厘米、高5厘米。Ⅱ式敛口，深腹腔，假圈足。施黑釉，口沿和器身呈现黄色兔毫纹。腹底部露灰胎，略有垂釉现象。口径11.8厘米、底径4厘米、高7.2厘米。 | 束口碗B式小型；A式中型 | 南宋中晚期[同出有浦城大口窑南宋褐彩龙虎瓶等器] | 《福建文博》，1990年2期，56页，图三：7、9。 |

图56.赵佶《文会图》（宋）

图57.刘松年《茗园睹市图》（宋）

味。

苏东坡《送南屏禅师》："道人晓出南屏山，来试点茶三昧手。忽惊午盏兔毫斑，打出春瓮鹅儿酒。"[34]

在这里，兔毫釉茶具顷刻又变成了酒具，那个中三昧，只有诗人和他的知心朋友互相心领神会了。

建盏与建茶一起，向世人报告春天的信息，尤其是给宋朝皇帝和他的臣僚们带来了物欲的快感和灿烂的情怀，梅尧臣《依韵和杜相公谢蔡君谟寄茶》写道：

"天子岁尝龙焙茶，茶官催摘雨前芽。团香已入中都府，斗品争传太傅家。小泉石冷留早味，紫泥新品泛春华，吴中史内才多少，从此莼羹不足夸。"[35]

此诗中的"紫泥新品泛春华"一句，往往被人引用为江苏宜兴窑在宋代已烧成紫砂茶碗的依据，其实是不确切的。宜兴紫砂茶具在宋代生产并无明确记录，有人还引用了苏东坡"松风竹炉，提壶相呼"诗句，也只是推测而已。根据考古调查发掘资料，宜兴羊角山一带发现宋、明窑址，出土紫砂陶罐、壶、瓮、盆类标本等，无碗盏器。宜兴以紫砂器著称，是在明代中叶以后，而宋代并不闻名。而且，在宋人的诗文里，经常称道的是茶碗，而不是茶罐、茶壶，因此诗文所指，喝的是北苑贡茶，用的"紫泥新品"应是茶碗，与"兔毫紫瓯新"的意义一样，是建窑新烧成的绀黑——一种深青带红色的碗。"泛春华"意思是说茶汤白沫泛起，像春天花朵烂漫，宋释重显《谢郎给事送建茗》一诗有"松根石上春光里，瀑水烹来斗百花"[36]相仿之句。关于宋代文献"紫瓯""紫泥"非宜兴紫砂陶的观点，安徽省文物鉴定站的李广宁先生[37]、台北故宫博物院的廖宝秀先生[38]等都有类似的论述。

苏东坡《水调歌头·桃花茶》："已过几番雨，前夜一声雷。旗枪争战，建溪春色占先魁。采取枝头雀舌，带露和烟捣碎，结就紫云堆。轻动黄金碾，飞起绿尘埃。

老龙团，真凤髓，点将来。兔毫盏里，霎时滋味舌头回。唤醒青州从事，战退睡魔百万，梦不到阳台。两腋清风起，我欲上蓬莱。"[39]

这建茶和建盏，赋予诗人何等潇洒的豪情，激发起多么浪漫的情怀。

更有范仲淹《和章岷从事斗茶歌》咏颂：建茶上市，"长安酒价减千万，成都药市无光辉"，使用建茶、建盏"斗茶味兮轻醍醐，斗茶香兮薄兰芷"。"屈原试与招魂魄，刘伶却得闻雷霆。卢仝敢不歌，陆羽须作经"，"商山丈人休茹芝，首阳先生休采薇"[40]，多少世外高人将为之倾倒，酒神震惊，茶圣重写茶经，茶盏争辉，堪称人间绝品，旷世精英。难怪南宋时期刊刻《神中锦》一书，在"天下第一"条文就列举了"建州茶"，而在建窑碗底铭文中也出现了"国宝"二字，可谓名副其实了。

与盛唐时期向往军功的博大文化气象不同，宋代则是个重建孔孟思想体系的理学盛行社会，时代精神已不在马上而在闺房，不在世间而在心境，人的心境和意绪成了艺术和美学的主题。斗茶诗文正反映了这种时代精神，使用建茶和建盏品茗给士大夫阶层以无限的情趣，他们在其中得到了自己所需要的超脱感和心理上的愉悦，我国古代的饮茶艺术也因此发展到了历史的巅峰。从这个意义上说，建盏是一个美妙的社会文化载体。

## （三）茶盏双璧走神州

建茶、建盏的声名如此广泛而深入人心，具有怎样的社会大背景？是在什么环境中生产的？通过哪些渠道传播开来？

自公元前221年，秦始皇统一中国建立封建中央集权制帝国以后，历史几经曲折迂回和波澜壮阔的发展，

[34] 《全宋诗》卷八一四，第14册，9422页。
[35] 《全宋诗》卷二五三，第5册，3046页。
[36] 《全宋诗》卷一四八，第3册，1672页。
[37] 李广宁，《紫砂三论》，安徽省文物考古所编，《文物研究》，第11期，1998年10月版，203页。
[38] 廖宝秀，《试论宋代紫盏——由紫泥新品泛春华谈起》，《故宫文物月刊》，第17卷，第9期，1999年12月版，4–23页。
[39] 引自沈海宝编著，《饮茶诗话》，甘肃人民出版社，1986年版。
[40] 《全宋诗》第3册，1868页。

经历晚唐五代的战乱和分裂。公元960年，赵匡胤发动陈桥兵变，建立宋朝重新统一中国。从此，中国封建社会进入后期的发展阶段，政治上依然实行皇权体制，经济上自给自足的小农生产依然占主导地位，但与以往封建社会的黄金时代相比，形势发生了较大变化，宋太祖杯酒释兵权，防止武将功臣拥兵自重武装割据，文治重于武功。宋朝的北方，先后有西夏、辽、金、元等游牧少数民族建立的政权，宋朝与他们的关系，军事上守势多于攻击，乃至和议、投降而退却。当时通往西域、中亚、西亚的陆上丝绸之路渐趋阻滞而衰落，为了增加国家财政收入，宋朝在沿海广州、明州（今宁波）、泉州等地建置市舶司，鼓励官方和民间海外通商贸易。在这种半封闭半开放的社会大背景下，素有“富贵不能淫，贫贱不能移，威武不能屈”传统的知识分子，再次强调气节和情操，北宋理学开山鼻祖周敦颐《爱莲说》写道：“独爱莲之出于淤泥而不染，濯清涟而不妖，中通外直，不蔓不枝，香远益清，亭亭净植，可远观而不可亵玩焉。”由他倡导，掀起了文化教育理性回归的思潮，先后有程颐、程颢、朱熹等一大批名儒硕士，钻研孔孟著作，诠释阐微而传承弘扬，史称程朱理学。理学，成为中国封建社会后期占统治地位的官方哲学思想，是在南宋晚期以后。在这之前，理学虽然也曾一度被宣布为“伪道学”，理学家遭到打击和迫害，但是由于其思想有利于建立和维护封建统治的新秩序，而且引领了社会文化发展的主流，已引起统治者的关注和重视，理学思想逐渐渗透社会生活的各个领域。

宋代的社会错综复杂，民族矛盾山重水复，阶级斗争此起彼伏，朝廷政坛勾心斗角，地方吏治腐败丛生。难免使一些知识分子产生了厌世心理，建窑碗底中发现有“隐居”铭文，反映了时人对社会现实的不满情绪。然而，儒家学者们不可能置身世外桃源，“齐家治国平天下”是他们的信仰，“中庸”“主静”“主敬”“格物致知”成为他们的口号。面对现实的世俗生活，他们也需要休闲和娱乐，与一般百姓不同，他们咏诗作赋，表现出更高雅的情趣。建茶、建盏迅速地进入他们的视野，斗茶成为经常的活动，源于民间的普通方式升格为文化艺术。早在宋徽宗《大观茶论》之前，斗茶便流行于文人士大夫阶层。“先天下之忧而优，后天下之乐而乐”的政治家范仲淹《斗茶歌》唱道：“北苑将期献天子，林下雄豪先斗美。”宋徽宗《大观茶论》认为：“延及于今，百废俱举，海内晏然，垂拱密切，俱致无为。缙绅之士，韦布之流，沐浴膏泽，熏陶德化，咸以高雅从事茗饮”，“至治之世，岂惟人得以尽其才，而草木之灵者，亦得以尽其用矣”，“可谓盛世之清尚也”[41]，他推崇道教，粉饰太平，在统治思想里，倡导斗茶也是重要的手段，于是风靡朝野。

时代不同，精神风貌与境界亦不一样。唐诗讲究格律平仄押韵，宋词却按词牌填词造句，少了一些自由浪漫作风。同样是饮酒，唐人呐喊：“千金散去还复来”，“莫使金樽空对月”，宋人说道：“把酒问青天”，“今夕是何年”；同样是饮茶，唐人“朝坐有余兴，长吟播诸天”，宋人“两腋清风起，我欲上蓬莱”。天上人间的距离感，在唐人的眼中，触手可及；在宋人看来，则是那么的遥远，少了几分张扬和狂放，多了几分冷静和收敛，这就是理学思想渗透和浸润的结果。

建茶作为天下第一茗饮，建盏作为美妙的道具，又是在什么样的环境中茁壮生长的？它们的发祥地位于中国大陆东南福建省的北部山区，简称闽北。在福建省的主干河流闽江的上游流域，武夷山的东麓，仙霞岭的南侧。这里气候温暖湿润，植被茂密旺盛，自然资源蕴藏丰富。自古以来，闽北界连赣浙，就以福建与中原文化的交通走廊而著称。宋代，闽北政治环境相对比较稳定，先后建置了建州（建宁府）、南剑州、邵武军，农工经济进入了全面发展阶段。农业生产誉为力耕崔嵬，桑麻被陇，茶笋连山。手工业生产名品迭出，建阳县号称“小西川”，宋徽宗崇宁、大观之际，曾为皇宫织造龙纹柱衣，红绿锦远销东南亚；各县分布有金、银、

[41]《中国茶叶历史资料选辑》，43页。

铜、铁等金属矿场，太平兴国二年（978）建州置龙焙监，置场以收银、铜；咸平三年（1000）设丰国监铸钱币，与饶州永平监、池州永丰监、江州广宁监合称宋代四大钱监。建阳的麻沙、书坊雕版印刷崭露头角，称作“图书之府”，成为与河南、四川、浙江齐名的全国印刷业中心之一。建茶、建盏由此应运而起，形成贡品产业基地。

闽北的文化，也在宋代掀起高潮。北宋时期，将乐杨时、建阳游酢北上中原，师事理学开山宗主周敦颐的高足程颢、程颐两兄弟，留下了“程门立雪”的千古佳话。至南宋学者朱熹集理学之大成，重建了孔孟之后的儒家思想体系。儒士们习业林，聚众讲学，书院林立，使闽北读书蔚然风气，家有诗书户藏法律，文运亨昌人才辈出。发达的经济基础，鼎盛的文化高潮，孕育和培养了斗茶艺术。上品建茶，给人以清净，也会刺激大脑神经，盛在建盏中茶水的美丽形色香气，很容易让人突发奇想。学者文人以茶养性，陶冶情操，借物咏志。道士们视茶为养生的丹药，追求不老的仙术。佛僧们饮茶，参禅入定，意欲修成正果。斗茶需要的是优质的茶品、泉水和器具，更需要运筹帷幄操作得当。输家、赢家都在尽情地游戏，你唱罢来我登场，书写自己的篇章。建盏的花纹变化多端，神秘莫测，蕴涵了“道法自然”、返璞归真的哲理；建茶爽口清心的韵味，规范有序的斗茶方法，涌动的茶汤形色幻影瞬间即逝，折射人生命运的沉浮情状。“问渠那得清如许，为有源头活水来”，“等闲识得东风面，万紫千红总是春”。儒释道都从斗茶艺术获得人生的感悟和社会憧憬。亦动亦静，亦真亦幻，亦庄亦谐，构成了斗茶艺术的兆象，身心的满足，精神的慰藉，才是斗茶艺术的实质。精神高于身心需求，登峰造极，可谓前无古人，后无来者。闽北的斗茶艺术，发出阵阵涟漪，很快漫延神州大地。

闽北的对外交通，主要有东下闽江经福州出海的水路干线，西出邵武府光泽县铁关牛、杉关连接江西的陆路干线，北出浦城仙霞关赴浙江杭州的水陆驿道干线。东南繁华都会杭州处于隋唐时期开凿的大运河南端，由此北上扬州，西接汴梁，北端至河北涿郡，是南北交通的大动脉。1999年以来，大运河安徽段多次发掘古运河遗址，其中淮北市柳孜运河遗址的考古发掘，解决唐宋通济渠（汴河）流经地点和路线的历史悬案，证实贯通黄河与淮河、长江水系的重要通道，是大运河连接东西南北的骨干河道。出土的大量瓷器，经初步鉴定有南北方20多个著名的窑口实物，其中包括建窑系列的黑釉碗盏，反映了当年运河“公家运漕，私行商旅，舳舻相继”“来往不绝”，保证洛阳、西安、开封等三大京城和北方城市及全国物资供应交流的盛况[42]。建茶、建盏通过大运河运输进入宋都汴梁朝贡，御用和赐予朝臣，或以民间贸易渠道分散中原等地。

中原的北部，先后有西夏、辽、金、元等少数民族政权，在和平相处时期，建茶、建盏及其斗茶艺术也通过官方朝贡或民间贸易渠道传播，产生了深远的影响。至迟在南宋早期，建州茶叶及其饮用方式就已经输入北方金国。金代文学家蔡伯坚（1107—1159）《好事近》词云：“天上赐金奁，不减壑源三月。午碗春风纤手，看一时如雪”；诗人高士谈和道：“谁扣玉川门？白绢斜封团月。晴日小窗活火，响一壶春雪”，词中“壑源”“团月”皆属建州贡茶名品。同时代的刘荐《伯坚惠新茶》诗曰：“建溪玉饼号无双，双井为奴日铸降。忽听松风翻蟹眼，却疑春雪落寒江。”[43]更是对建茶推崇备至，认为江西修水的双井茶、浙江绍兴的日铸茶都屈居建茶之下。从松风翻蟹眼、春雪落寒江的词句分析，其烹饮方法当与宋人相同。随后还有前文所引蒙元诗人耶律楚材吟诵的“积年不啜建溪茶”“建郡深瓯楚地远”诗句，时代已近南宋晚期，更直接说明建茶、建盏曾经输入漠北草原的事实。

辽、金、元墓多处发现有使用茶具备茶奉茶的情形。如1985年山西大同出土辽墓画《备茶图》中，方桌

[42] 引自安徽省文物考古研究所编，《淮北柳孜运河遗址发掘报告》，科学出版社，2002年版。
[43] 仇仲谦等编，《茶诗漫品》，75-79页。

上摆放篋笥，侍女持有托盏、大碗；1991年山西朔州出土辽墓壁画《备茶图》中，方桌上置托盏、茶碾，周围侍女、男仆有的在风炉旁煎汤，有的持渣斗、盏托、茶盏，有的在点茶；2007年山西陵金墓出土的《侍茶图》中，高桌上摆放盏托，男仆持托盘、盏托等物；2008年山西汾阳出土金墓壁画《茶酒位图》中（图58），长桌上摆放圆盒、注壶、托盏等器具，有男仆在持筅击拂；1958年山西大同出土元墓壁画《奉茶图》，方桌上有贴有“茶末”标签的盖罐，侧置的茶盏、茶筅、叠摞的盏托等，一侍童端有茶盏连托情形；2004年山西屯留出土元墓壁画《侍女备茶图》（图59）[44]，高桌置盖罐、碗、盏托，侍女一持注子，一持茶盏、茶筅击拂，后有一石磨；1986年山西大同出土元墓《备茶图》中，长桌上摆放盏托、注壶、盖罐等，侍女童持有盏托等；1982年内蒙古赤峰出土元墓壁画《点茶图》（图60），桌上摆放荷叶盖罐、汤瓶和侧扣的茶盏、茶筅等，一男仆于桌旁左手抱茶钵，右手持杵捣茶状等。

图58.壁画《茶酒位图》[山西汾阳金明昌六年（1195）墓出土]（金）

图59.壁画《侍女备茶图》[山西屯留元至元十三年（1276）墓出土]（元）

上述墓葬的年代跨越了300多年，从出土壁画描绘情状看，北方游牧民族使用的饮茶器具有贮茶的篋笥、茶罐、茶盒等，碾茶的碾船、擂钵、石磨等，烫水的风炉，点注的汤瓶，饮茶的茶碗、茶盏、盏托，击拂茶水的茶筅等，其形制与品茗方式，和中原及江南晚唐至两宋时期保持相对的一

[44]《中国出土壁画全集》第2册·山西129、136、152、159、196、202、198页；第3册·内蒙古227页，科学出版社，2012年版。

图60.壁画《点茶图》[内蒙古赤峰墓出土]（元）

致性，茶碗、茶盏辽金时多敞口、撇口，元代出现与建盏相仿的束口、敛口样式，说明从闽北地方发祥的斗茶艺术逐渐风行北方的历史进程。各民族生活习俗有区别，政权有疆域，但茶文化无国界，艺术无境界，游牧和农耕民族斗茶技艺是相互交流融合的。

1958-2002年间，内蒙古集宁路金元时代古城遗址经多次考古发掘，出土大批瓷器，囊括了当时定窑、钧窑、磁州窑、耀州窑、龙泉窑、景德镇窑、建窑七大窑系生产的主要品种，属于建窑类型的瓷器标本有上百件之多，有油滴、兔毫、玳瑁等诸多品种。元代集宁路古城位于内蒙古地区中部，地处中原通往漠北的交通要道，是游牧文化与农耕文化相互交融渗透的地带。得天独厚的地理环境赋予集宁路古城具有商贸交流的功能，是一个重要的商品集散地。古城出土的建窑类型瓷器引起了学术界的瞩目[45]。李德金、栗建安先生考证认为，集宁路黑釉器直口碗、盏、盘，胎色以灰白、灰色为主，油滴纹盏占有2/3，与建盏及福建建窑系特征不同，应为河北、河南、山西等地民间窑场烧造[46]，张仲淳先生进一步研究认为集宁路古城址“尚未整理发表的建窑系瓷器中，有无典型的建窑器，还不得而知”。在已发表的资料中，一部分具有器型较建窑扁平低矮，胎色呈灰白或灰色，胎壁较薄，釉层较薄，多施釉不匀不及底的，尤其刻意在腹下及足部抹一层紫褐色护胎釉的做法，其模仿建盏的意图尤为明显，从其造型、胎釉等特征看，无疑都属福建、江西、浙江、安徽等地南方建窑系的产品。相当部分瓷器胎多呈灰白或灰黄色，造型普遍较为规整，施釉较为均匀，无论是仿油滴盏、兔毫盏、黑釉盏等，除了胎质较粗俗外，其他方面质量水平均不亚于南方建窑系作品，应属北方仿建窑类型。尤其是黑釉油滴作品，相当精美。器型除了深腹盏外，还有喇叭型盏、浅腹盘等，品种多样，是在1240℃左右氧化焰中烧成，其形成机理是由斑点气泡形成，斑点布满整个釉面，大小相近，分布均匀，外观为二维结构，与建窑油滴区别较大。其具体产地为河北磁州县、定窑、河南鹤壁窑、山西临汾、陕西耀州等窑口。（见图版38、39）南北方窑口的仿建窑类型等瓷器，是通过

[45] 陈永志主编,《内蒙古集宁路古城遗址出土瓷器》，文物出版社,2004年版。
[46] 李德金、栗建安,《内蒙古集宁路元代窖藏中建窑系陶瓷器的相关问题》，《中国古陶瓷研究》,第11辑，紫禁城出版社,2005年版。

茶马古道贸易形式输入漠北的。茶马贸易又称“和市”“榷场”，兴起于唐宋，发展于元明，衰于清朝。游牧民族日常饮食生活特点，是以牛羊肉及奶制品为主，很需要帮助消化的茶饮料。再者，北方草原气压较低，人体水分蒸发快，血管膨胀增大，喝茶可以增强血管的抗压力。因此，无论是贵族上层，还是平民百姓，都嗜好饮茶，有“一日无茶则滞，三日无茶则病”之谚语。宋元时期，以建州为代表的茶叶和用于饮茶的黑釉茶具，大量行销漠北草原地区，也就成为顺理成章的事实。[47]

此外，四川广元窑、乐山西坝窑、浦江东北窑、重庆涂山窑、巴县清溪窑也以烧黑釉瓷为主。碗盏造型多仿建盏，窑变花纹有两种情形：一种是上一次釉，釉层浓度大而厚，含铁量较高，均在1300℃以上烧成，有兔毫纹、油滴纹等；一种是上二次釉，第一次底釉含铁量高，内外满釉，二次釉含铁量低，进行随意点染挥洒，烧成玳瑁纹、鹧鸪斑、辐射状的菊花纹，亦经1300℃高温。纹样多与建盏相似，但胎多黄白色。还有一种类似曜变又不及曜变艳美的，黑、褐釉中呈现一种散淡而不规则的红、黄、绿、蓝、紫等色彩，名为“虹彩”[48]。1999—2000年，成都都江堰金凤窑址考古发掘，该窑年代为北宋晚——元代，在其繁荣期（南宋）以生产黑釉盏为主，造型、纹饰都与建窑产品有密切关系，造型有束口、敛口、撇口等，其胎厚、薄皆有，为夹砂胎，呈深灰、紫红色，釉水为黑褐、酱釉、酱褐、酱绿色，窑变花纹出现了大量兔毫纹、星点纹、酱色斑彩纹、油滴纹等。束口盏腹与足交接足平切（平肩）的做法，与重庆涂山窑仿建窑雷同。（见图61、见图版40）重庆涂山窑亦经多次考古发掘，证实为烧制黑釉瓷器为主，产品多样化且作风粗犷，多仿建盏造型，胎多呈灰白、黄白色，质地坚硬，器足多在露胎处上黑色化妆土，有意仿建盏黑胎，被比喻为“四川的建窑”[49]。宋元时期，四川地区为重要产茶地，斗茶之风盛行，故仿建盏茶具也得到大批量烧造。

长江南北，黄河上下，长城内外，建茶建盏神州行，把中国饮茶文化之普及、斗茶艺术之高雅，推向了历史的巅峰。

图61.四川窑黑釉窑变花纹碗[四川成都金凤窑址出土]（宋）
成都文物考古队收藏

[47] 张仲淳，《对内蒙古集宁路古城遗址出土建窑系瓷器相关问题的几点认识》，《中国古陶瓷研究》，第11辑，紫禁城出版社，2005年版。
[48] 陈丽琼，《四川唐宋时代陶瓷装饰特点》，《古陶瓷科学技术1992年国际讨论会论文集》，上海古陶瓷科学技术研究会，1992年版。
[49] 成都市文物考古工作队等，《都江堰市金凤窑址发掘简报》，《文物》，2002年2期；重庆市博物馆，《重庆涂山窑小湾瓷窑发掘报告》，《四川考古发掘报告集》，文物出版社，1998年。

# 第五章

# 宋元仿建

宋元时期，由于建窑的兴起和斗茶习俗的流行，邻近的地区，受其工艺技术的影响，群起而竞相仿制建窑的黑釉瓷器，形成庞大的窑业体系，与当时南方地区发达的龙泉青瓷窑系、景德镇青白瓷窑系，大有分庭抗礼之势。

建窑瓷系窑址集中分布于闽北、闽东以及江西、浙江、安徽等地。主要窑址有建阳白马前、武夷山遇林亭、松溪坰场、光泽茅店、建瓯小松、浦城半路、南平茶洋、长汀南山、福清东张、闽侯南屿、宁德飞鸾以及江西铅山、景德镇湖田、浙江武义、杭州天目山、安徽霞涧等窑址。这些瓷窑的面积达数千至数万平方米不等。有的专烧黑釉瓷器，有的以黑釉瓷器为主兼烧青釉或青白釉，有的则是以他类为主兼烧黑釉产品，而以后两种情形居多。以下选择其中的4处窑址予以介绍，它们具有生产规模较大、产品数量多、个性特色鲜明的典型特征。

## （一） 武夷山中金彩碗

福建省武夷山市星村镇遇林亭窑址，坐落在武夷山风景区地带，面积达6万平方米，经1998年发掘，已发现龙窑基址、淘洗作坊遗迹，出土一批瓷器、窑具等文物。出土的两座窑炉遗迹，均为砖砌龙窑结构。Y1平面略呈弧形，斜长73.2米、水平实测长71.35米，宽1.15～2.20米。前有半圆形火膛，窑头方向333°、后段转为350°，平均倾斜坡度为18°，最大26°，最缓为13°。两侧有6座窑门，尾部长方形出烟室。据初步估计，该窑可烧成匣钵装烧的瓷器5万件左右。Y2斜长113.1米、水平实测长107.65米，内宽0.80～2.00米，墙厚0.15～0.18米。平面略呈曲线形，后段较直。窑头和后段方向均为241°，中前段稍有弯曲，倾斜度平均为19°，总体呈前陡后缓之势。前有半圆形火膛，两侧有12个窑门，尾部长方形出烟室。匣钵装烧黑碗，每次可烧成8万件左右。窑址的年代在北宋中晚期至南宋中期前后，与建窑旺盛的年代相一致[1]。

该窑的产品以黑釉瓷器为主，兼有少量青釉、青白釉瓷器，黑釉瓷器以碗类为大宗，各式器形、制作、烧成工艺都与建窑相类似。黑釉碗造型以束口、撇口居多，敞口、敛口次之。轮制成型规整，但刮削不精，下腹露胎部分刮削明显，多矮圈足浅挖。胎色多呈浅灰色或灰白色，少量深灰胎。胎质致密，均含细砂。厚度多偏薄，少量厚重。釉层较薄，少量浓厚。釉色主要有蓝黑色和酱黑色，部分釉面泛兔毫纹，但较粗短，多出现在器物口沿部位，不及底。与建盏的明显区别是：胎色以灰白、灰色为主，部分碗类的腹外壁下部呈现釉水厚薄似二层釉的特征，即厚釉底部还显露局部被氧化成红褐色的薄釉。

在黑釉碗上描画金彩图案，是该窑的显著特色。考古发掘的出土标本中，发现一些黑釉碗盏釉面上有描画的痕迹，系金彩脱落所致，有龙、凤、鹤、松、竹、梅、兰等图案及“福海寿山”等吉祥文字。出土与传世品，该窑金彩碗，彩绘内容大体有四点：一是吉祥文字，如“寿山福海”“北苑先春”等，字体均行书，写于内壁4个花瓣形开窗内，其余空是填划放射状的直线条；二是花鸟图案，以盛开的团花为主，也有梅竹等图案。鸟有仙鹤、孔雀等；三是纯线条装饰，在碗壁上找写放射状纹样，线条或粗或细或长短；四是山水文字图，以写意的手法描绘武夷山水风光，溪山树林楼阁寺观等，或书写诗词文字。色彩选择以冷峻的黑地衬托暖亮的金色，反差强烈。构图或饱满或疏密有致，笔画流畅[2]。（图62-1、62-2、63-3、见图版41、42）

该窑黑釉金彩的传世品，多流传到日本国，以往或被误认为是建窑产品，或判断为建窑系产品但不明确具

图62-1.武夷山遇林亭窑金彩“寿山福海”铭碗内里（宋）
**日本五岛美术馆收藏**

图62-2.武夷山遇林亭窑金彩“寿山福海”铭碗（宋）

图62-3.武夷山遇林亭窑金彩“寿山福海”铭碗底面（宋）

[1] 福建省博物馆，《武夷山遇林亭窑址发掘报告》，《福建文博》，2000年2期。
[2] 陈兆善，《遇林亭黑釉金彩碗研究》，《福建文博》，2002年1期。

体产地。遇林亭窑址考古出土品的发现，使这一问题明朗化起来，经中日两国陶瓷专家将窑址出土品与日本传世品互相比较，终于澄清产地，从而获得确认。

日本五岛美术馆收藏的一件黑釉金彩束口碗，口径12.5厘米，胎质灰白，器腹外壁釉不及底，露胎表面微泛红色，器内壁绘画成4个对称的双线六瓣开窗，分别书写"寿山福海"铭文，内底中央画五瓣花卉，其余满布放射状的直线纹。

另1件重要工艺品是黑釉金彩束口碗，口径10.5厘米，胎呈灰白色，口沿赭褐色，腹外壁下部釉垂流不甚规则，呈现出厚薄相间现象，薄釉呈红褐色。器里绘画武夷山水、岩石、楼阁、树木景观，口沿下缘一周书写诗文"一曲溪边上钓船，幔亭峰影蘸晴川。虹桥一断无消息，万壑千岩锁翠烟"。这首诗是南宋著名理学家朱熹（1130-1200）《九曲棹歌》的一段。朱熹长期生活在武夷山区，在这里构筑紫阳精舍，招收门徒聚众讲学和著书立说，习业之余，他经常邀集友人泛舟九曲溪，畅游诸峰，时而题诗唱和，时而刻石纪念。他借景抒情创作的《九曲棹歌》脍炙人口，堪称千古绝唱。此碗书写其诗，说明年代是在朱熹逝世前后的一段时间，即南宋中期前后。

宋代在瓷器上描画金彩的做法，见于北方的定窑和南方的吉州窑等。定窑描金的具体制作方法，宋周密《志雅堂杂钞》说："金花定碗用大蒜汁调金泥描画，然后再入窑烧永不复脱。"[3]我国古代陶瓷器上的金彩大都用胶来黏结，大蒜汁虽然比较有黏性，但起不到真正的黏结效果。从传世定窑金花碗上的金彩看，多数都已脱落，可见"永不复脱"的记载是不符合事实的。遇林亭窑可能也是仿效定窑的做法，所以大多只留下描金痕迹。

在黑釉碗上画龙、凤、花草图案与吉祥铭文，是宋代斗茶艺术的又一种创意，它渊源于宋初斗茶艺术的滥觞时期，据陶谷《清异录》记载：

生成盏"馔茶而幻出物象于汤面者，茶匠通神之艺也。沙门福全生于金乡，长于茶海，能注汤幻茶，成一句诗，并点四瓯，共一绝句，泛乎汤表。小小物类，唾手办耳。檀越日造门求观汤戏，全自咏曰：'生成盏里水丹青，巧画工夫学不成。欲笑当时陆鸿渐，煎茶赢得好名声'"。

茶百戏 "茶至唐始盛。近世有下汤运匕，别施妙诀，使汤纹水脉成物象者，禽草虫鱼花草之属，纤巧如画。但须臾即就散灭。此茶之变也，时人谓之'茶百戏'。"

漏影春 "漏影春，法用镂纸贴盏，糁茶而去纸，伪为花身；别以荔肉为叶，松实、鸭脚之类珍物为蕊，沸汤点搅。"[4]

茶汤表面变幻出来的文字或动植物形象，可能只是偶然出现的影像，而后才有一些饮茶家的"通神"技艺，其难度是不可言喻的。也许正是受这些技艺的启示，遇林亭的陶瓷工匠们使用金彩在黑釉碗盏上描绘出吉祥文字和各种图像，从而使得茶水丹青不致"须臾即就散灭"，让人们在欣赏品味的同时，刺激感官的视觉获得精神的享受和满足，这与江西吉州窑的剪纸贴花盏实有异曲同工之妙。

《清异录》的记载还传递了这样一个信息：使茶汤幻出诗文的技艺，有来源于佛教寺宇中僧人长期饮茶精通其妙的得意创作。武夷山水绮丽，宋代出产的茶叶，列于建州名下，且分布众多寺院宫观。唐宋时期，武夷山列入道家三十六洞天福地之一的第十六洞天，称"升真元化洞天"。寺观僧人道士参禅修炼之时，饮茶也是日常生活所不可缺少的，饮茶幻象术在他们中间流传，是很自然的事情。遇林亭金彩碗，使佛道饮茶生活更加丰富多彩，也增添了斗茶艺术文化内涵。在所有的建窑系黑釉茶碗中，遇林亭窑是较多烧制金彩碗的窑场，与武夷山僧道应当具有密切的关系。

此外，描金彩的黑釉碗，近年在建窑遗址中也采集到一些标本，图案与武夷山遇林亭窑址相类似，但建窑的黑灰胎特征明显，建盏描金数量较少，可能为仿武夷窑所烧制。（图63）

此类金彩碗，在香港等地出土，

---

[3] 引自中国硅酸盐学会编，《中国陶瓷史》，文物出版社，1982年9月版，236页。
[4] 《清异录》，124-126页。

图63.建窑遗址采集的黑釉金彩碗标本（宋）
福州卢明收藏

图64.南平茶洋窑酱釉白复轮束口碗（宋）
福州民间收藏

灰或灰白胎，描绘梅花、“寿”字等图案，应属于遇林亭窑产品[5]，是外销海上的实物佐证。

## （二）“灰被天目”出茶洋

福建省南平市太平乡茶洋窑址，坐落在闽江上游的北岸，宋元时期这里是南平通往福州的商旅驿站。窑址建筑在山坡上，地表暴露大量的匣钵、支圈和瓷器堆积。废窑址堆积分布于大岭、马坪、生洋、碗下、安后五处山冈，总面积近7万平方米。自1995年考古发掘，发现宋元时期龙窑基址11座与工棚建筑遗迹1处，出土一批瓷器、窑具、工具遗物，是一处兼烧青白釉、青釉、黑釉三类瓷器产品的窑场[6]。

其中一座元代的窑炉，安后山Y1依山坡而建，属长条形斜坡龙窑，平面呈弧形，窑头朝向东南，方向142°，窑尾略偏向北。已揭露部分斜长62米，水平长57米，宽1.2～2.6米，坡度12～30°。

该窑的黑釉瓷器可区分为宋元两代，产品种类有碗盏（图64、65）、水注、执壶等。宋代的黑釉碗盏，以小型束口碗居多，敛口碗次之。束口碗，口沿曲折或不甚明显，腹部略深，形体较瘦削轻薄，圈足。敞口碗，浅腹、矮圈足。皆灰白胎。施黑釉或酱釉，不及底，口沿施淡青釉、灰白釉或白釉，俗称白复轮。圈足挖削草率，遗留月牙形的旋胚提刀痕迹。

图65.黑釉束口碗[茶洋窑标本]（元）

元代黑釉碗盏，主要为束口碗、敛口碗两种形式（见图版43、44、45）。束口碗，一般为中型器，大口，腹较深而广，内底平或稍鼓，实足微呈浅洼状。腹外壁下端切削成齐直的台面，与足部相连成直角或小于直角，俗称平肩。敛口碗，有深腹中型器、浅腹小型器两种。内底微凹，实足或微浅洼。胎体多呈灰色、灰褐色，灰黑次之，釉呈酱黑、青黑、酱

[5] 黄慧怡，《香港出土宋元瓷器的初步研究》，《考古》，2007年6期。
[6] 福建省博物馆，《南平茶洋窑址1995-1996年度发掘简报》，《福建文博》，2000年2期。

褐、黑褐、褐色诸色，有的呈现兔毫斑。腹部上下经常出现黑褐两种颜色，看上去似两层釉。也有少数腹下部挂厚釉垂流现象。有的陶瓷工艺学者认为：碗坯从痕迹看，有二次施釉情形：第一次釉浆颇稀薄，以至手感厚度不明显，施亦不到底。第二次施釉采用蘸釉工艺，由于捏住圈足倒扣着往釉浆中蘸盏口以下1/3处，烧成后在该处聚釉，可以判定至少有部分产品采用此类工艺。

南平茶洋窑的黑釉碗盏，经测定胎质属石英-高岭-长石系，为地产高岭质黏土，至今仍用作制瓷原料。含$Fe_2O_3$量比建盏低。灰白的胎骨致密，灰、灰黑的胎骨粗糙，含大小砂粒，有的胎体内层有隙裂或砂眼现象。

从出土窑具看，该窑的生产工艺与建窑相同，但拉坯和修坯并不讲究，留有许多手指造成的浅凹弦纹。成型工艺上，碗体的腹壁底部带有常见的轮旋痕和跳刀痕，与建盏相比较，碗的局部变异明显，因而形成自己的个性特征。

施釉不及底，釉层较薄，不如建窑浑厚，釉层不匀，也有流釉和垂釉现象，呈黑色、褐色，流行酱褐色，有兔毫纹，腹外壁上部厚釉、下部薄釉的现象比较常见，看上去似二层釉。但大部分还是一次性施釉，也能产生厚薄釉现象。瓷器釉色大多呈棕黑色，釉薄处呈酱褐而在口沿或弦纹突出之处则呈黄褐透明，其口沿为白复轮，足为实足浅挖的做法都与建窑相区别。

窑址出土的实足敛口碗，数量较多，江西景德镇湖田窑元代堆积层出土的黑釉盏与此式造型相同。日本博德遗址出土此式茶碗，盛行于14世纪中期。韩国新安海底元代沉船出土的此式器多达200余件（图66），因此，茶洋窑黑釉碗的基本生产年代应在元代时期。

日本国传世黑釉瓷器中，有一类被称为“灰被天目”的茶碗，其胎呈灰色或灰褐色，胎质粗糙坚硬，挂上下两重釉，下部黄白色薄釉，上部为褐色或黑褐色釉，釉的色彩格调非常富于变化，釉面灰黑相间，表面浮现金色或银色光泽。这些风格与茶洋

图66.南平茶洋窑黑釉碗（元）
韩国国立博物馆收藏

图67.福建东张黑釉兔毫纹束口碗（宋）
福建博物院收藏

图68.福建东张黑釉兔毫纹撇口碗（宋）
北京欧阳希君收藏

窑平肩式束口碗形制特征相同或相似，可以判定是该窑的产品。茶洋窑的这一发现，解决了中日陶瓷交流史、日本茶道史上的一桩悬案。如日本永青文库收藏的一件中型束口碗，被命名为“黄天目”“珠光天目”，据说是日本茶道之祖村田珠光曾经使用过而流传下来的，也是属于灰被天目类型的一种器物，口沿有银复轮，腹壁黑色、褐色薄釉相间，外壁腹下部泛黄色薄釉，腹与足底交接处切削成直角台面，台面下还有一层简短的切削痕迹。另一件中型束口碗被命名为“灰被天目”、“夕阳天目”，是作为古代日本封建诸侯的“大名物”而流传下来，胎呈灰褐色，内外釉面褐色釉有深浅变化，尤其是外腹壁呈现犹如虹彩一样的窑变现象（见图版46、47）。据日本著名陶瓷学家小山富士夫《天目》一书记载：日本传世天目名碗的数量，建盏列第一位，灰被天目仅次于建盏，可见灰被天目在茶道中的重要地位。

从目前发现情况看，茶洋窑的黑釉瓷器多外销至海外市场，其航线是通过闽江口东下由福州而出口。

## （三）“幅州盏”即福州盏

福建省福清市东张镇有石坑村和半岭村，石坑村废窑堆积有厝后、宫后、石马头山三处，总面积达10万余平方米，产品以黑釉为主，兼烧青釉器；半岭村废窑堆积在牵牛岭，面积约1.5万平方米，产品以青釉为主，兼烧黑釉器。东张是闽东南沿海最大的一处黑釉瓷器窑场，生产规模与建窑不相上下。

黑釉瓷器有碗盏、罐、瓶、执壶、盏托等。碗盏皆仿建窑束口、撇口、敛口、敞口等类型，一般为中、小型器。还常见一种捺腰式的束口碗，口沿抑折或外折，腹上部向外鼓出，中部则向内隆起而滑下，内底中央洼凹形成捺腰式的曲线形体。与建盏相比较，腹部变异特征明显，是该窑独具风格的器形。成型工艺方面，部分器腹下部露胎处遗留有跳刀痕迹。

东张窑的仿制建盏胎骨呈色以灰色为主，有深浅之别，灰红、灰黄色、灰黑色也有一定比例，胎体较建盏稍薄，胎质粗疏，砂粒疵点、棕眼现象比较普遍，不如建盏匀密坚致。釉水呈色有黑、蓝黑、黑褐、青褐、褐色，釉层较建盏稍薄，也有垂釉和流釉现象，施釉不及底，器腹外壁下部常见似厚薄二层釉特征。釉层中也有呈现如建盏的蓝灰、褐色、灰色兔毫纹，也有少量的油滴。蓝黑釉及其蓝兔毫，釉水滋润，兔毫清晰闪光，是该窑最成功的作品。但兔毫纹纤长的比较少见。还有柿红釉、青绿釉，釉层玻璃质感强烈，火候高，清澈透明，如冰似玉，也极有特色。（图67、68、见图版48）

该窑的宋代黑釉仿建盏器物，见于福建莆田林泉院、福清少林院、泉州清净寺等宋元时期的文化堆积层，宁波码头遗址、连江定海宋元沉船（图69-1、69-2）、澎湖列岛及广东深圳也发现此类器物。其中定海遗址与瓷器黏连在一起的船板经C14测定距今为930~1070年之间，但这是树木生长的年代，如果树木较大，树龄数十年以致数百年，有可能和遗址的年代一致，所以应考虑瓷器晚于船板的因素，那么，出土瓷器的年代可能在北宋晚期以后。福建连江定海白礁一号发现的黑釉盏数量达2000多件，是

图69-1.黑釉碗（宋）
福州市博物馆收藏

图69-2.黑釉碗底部（宋）

外销的主要船货，器形较小变化小，总体风格一致，胎体为灰色，釉色深浅不一，呈现酱色、酱黑、酱褐等不同颜色，少数器物发黄或发绿，施釉厚薄不均，部分有兔毫纹，作风比较粗放，同福建闽侯南屿、鸿尾窑、福清东张石坑窑、连江浦口窑所出的仿建盏产品非常相似，有些器物完全一样，与日本博多遗址出土的黑釉盏的胎、釉、造型极为相似。因此，这批黑釉盏来自闽江附近窑口，并且输往日本的可能比较大[7]。日本南西旧卧蛇岛发现有东张窑的黑釉瓷器，年代在12世纪以后。博德遗址、镰仓市等古遗址也多发现有此类仿建窑瓷器，年代在12世纪后半叶到13世纪前后。因此，推定东张窑的生产年代在南宋时期至元代中期。日本应永年间（1394-1427）成书的《禅林小歌》中有从中国进口的黑釉瓷器“幅州盏”记录。“幅”“福”同音，“幅州盏”即“福州盏”。宋元时期福州府治下有福清、闽侯等县，皆烧制黑釉碗盏，亦有福清东张、闽侯南屿等窑。因而福州盏包括有东张窑、南屿窑的产品。

闽侯南屿窑是“幅州盏”另一处重要的烧造窑场，堆积面积达2万多平方米。2010年因高速公路穿越而进行抢救性考古发掘，出土了4座龙窑基址遗迹，较完整的Y2窑依山挖槽砖砌，斜长残余78米、水平长76.4米，窑宽2.5～2.73米，残高0.04～1.7米，斜坡度10°～24°，方向55°。瓷器用匣钵垫饼装烧，出土黑釉盏数量众多，是专烧黑釉瓷的窑炉。仿建盏造型，束口捺腰型为主，其次为束口深腹型，束口浅腹型较少。胎质以灰色为主，也有一定量的灰黑和灰黄，胎质致密，手感厚重。釉色以黑为主，少量酱色和兔毫。年代约在南宋时期，属质量较好的仿建盏[8]。（见图版49、50）

从分布状况看，以东张窑这代表的福建各地窑口仿建盏产品从中国大陆东南沿海地区的寺院、码头、岛屿以及日本列岛、东南亚的印度尼西亚爪哇岛等地都有发现，说明它有广泛的市场。其中，地处台湾海峡东侧的澎湖列岛，是宋元时泉州港海外贸易的休整地或中转地，由此北上韩、日，南下菲律宾等南洋群岛各国。该岛发现的黑釉碗盏采集有800多件，多为小足敛口碗，有灰厚胎带红、灰薄胎黑釉碗盏。灰红薄胎黑酱釉，多来自晋

[7] 赵嘉斌、吴春明主编，《福建连江定海湾沉船考古》，科学出版社，2011年。
[8] 福建博物院，《闽侯县碗窑山窑址Y2、Y3发掘简报》，《福建文博》，2011年4期。

江流域窑口，还有灰胎黑釉或灰红胎黑酱釉、灰白胎褐釉的碗，亦与福建窑口关系密切，其中1件碗心印莲花的黑釉碗，可以确定为闽清县义窑产品[9]。

## （四）“器尚黄黑”湖田窑

江西景德镇湖田窑的黑釉瓷，主要分布于南宋至元代的堆积层中，窑址有龙头山、乌头岭、琵琶山和狮子山等处，仿建盏主要是器形扁矮的束口碗、敛口碗，一般为小型器。此外，还有钵、芒口碗等。其胎骨呈灰白色或瓦灰色，少量米黄色。胎骨含较多细砂粒等杂质，常见气孔和裂缝，内外壁手摸有明显凹凸感。釉色多为黄黑色，较少乌黑色，釉层一般较薄，釉面常见棕眼和垂釉现象，少部分釉面开细裂片。器内外通体施釉，足底和足墙露胎。釉多素面，少数可见仿建盏的兔毫丝毛以及仿吉州窑的洒斑、油滴、玳瑁等花纹。装烧工艺方面，湖田窑一般采用匣钵套装的正烧法，同时采用覆烧法和叠烧法，所以发现有芒口和涩圈碗。（图70-1、70-2）

常见的一种仿建盏敛口碗，敛口、弧壁、小实足或饼足，器内满黑釉，内壁中部突出一圈弦纹，外壁施黑釉仅到腰部，腰下部及底足露出棕黑色粗胎纹，口径10.3厘米、高37厘米、足径3.6厘米，与建盏相比，形体扁矮，质量较差。

宋元时期景德镇以烧成青白瓷著名，号称假玉器，但同时兼烧黑釉器，造成与建窑竞争态势。元蒋祈《陶记》称：“夫浙之东西，器尚黄黑，出于湖田之窑者也。”[10]可见湖田窑的黑釉瓷器主要市场在两浙地区。

上述的四个窑址以外，建窑系其他窑口也有一些品质不错的产品。如福建将乐窑的一件仿建盏，灰白胎坚硬，口沿白复轮下连一条黑边，通身酱红釉滑柔可爱。

## （五）建盏区别仿建盏

上述典型窑址的论述，已经初步揭示了建窑与其他窑口的关系。纵观宋元时期建窑系窑场的生产状况，建盏与仿建盏的区别可总结为以下几个

图70-1.景德镇湖田窑宋代黄黑釉碗
景德镇曹建文收藏

图70-2.景德镇湖田窑元代黑釉盏
景德镇曹建文收藏

[9] 陈信雄，《澎湖宋元陶瓷》，台北，1985年版。
[10] 引自《中国陶瓷与中国文化》，205页。

方面：

**1．生产年代先与后**

建盏生产兴起于北宋初，北宋中期至南宋中期为盛，南宋末至元初衰落。仿建盏的生产则多在北宋晚期以后至元代。按常规来讲，一个地方的名牌产品被另一个地方乃至许多地方群起仿效，一般是在其声名鹊起即生产高峰时期及其以后。建窑的鼎盛时期是在北宋晚期至南宋初期，仿建盏的生产多在北宋晚期以后。随着仿建盏生产的规模扩大，造成与建盏的竞争形势，是建窑在南宋晚期至元代衰落的重要原因。

**2．工艺技术存差异**

建窑与其他窑口既互相联系，又互相区别，形成不同的风格，是鉴定建盏与仿建盏的基本依据。这对鉴别那些器型外观相同或相近似的碗盏来说，至为关键。

建盏形体规整，器体的口沿、腹部交转部位，线条衔接流畅，表面较圆滑，反映轮制技术水平是娴熟而规范的。腹外底施釉线脊棱明显成一圆圈，腹足交接处之间，形成倾斜的坡面，表面平整或微有弧度，宽窄是比较均匀的。

仿建盏也采用轮制工艺。器坯转角处普遍具有明显的旋坯痕迹，棱角较为明显，乃至从釉层中透露出来，似“白筋”状，体现一种生硬的风格。器表不够圆滑，轮旋痕迹较明显。腹底部的施釉线有的较为紊乱，形成宽窄不一的坡面。相当部分器物，还在下部周围遗留浅显的竖直凹条纹，俗称跳刀痕，这种现象在建盏中则基本未见。

建盏底足与腹底部交接干净利落。足外墙较竖直，上下宽窄相同，足根平切或略微斜切，一刀到位不留痕迹，足内底微挖浅，表面平整。仿建盏则相对不够严谨，出现足腹部交接不够清楚，足墙上下宽窄不匀的现象，足根表面不平或稍有隆起，足墙内外、足根底面往往呈现旋坯线条痕迹，底心有的遗留旋坯和最后提刀时的泥钉痕迹，显示出一种比较草率的作风（图71、图72-1、72-2、72-3）。

仿建盏器足外墙根部先向内斜切然后再平切的做法，十分流行，至元代这种工艺与实足相结合，足底中央微有向上的弧度，形成圆饼足，极富时代特征。

与建盏相比，仿建盏形体偏矮的趋多，口径高度比例同等规格的造型则不如建盏丰满，略显瘦削的风格，造成似是而非的感观。由于各地操作习惯不同，也出现了一批具有明显变化特征的器型。

胎釉工艺，建盏胎色，以灰黑、深灰为主，少量呈淡灰或红褐。胎骨包括较多的细砂粒，手摸触感粗糙，但质量匀称致密，坚硬厚重，其原因有二：一是坯泥淘洗炼制用功，陈腐时间长，增强了黏度；二是器坯在窑炉焙烧过程中，火候充足，提高了硬度。

仿建盏相对轻薄。呈色变化亦多，灰、灰白、纯白皆有。白的质量

图71.东张窑碗底足（宋）
福州民间收藏

图72-1.建盏碗底足（宋）

图72-2.遇林亭窑碗底足

图72-3.茶洋窑碗底足

细致坚实。灰的则比较粗糙，附着白或黑色的大小砂粒。质量不如建盏匀密，乃至出现裂隙、气孔、砂眼之类的现象。火候不足者，则容易松脆。同样胎色，同类规格的碗，建盏要比仿建盏手感分量重，表面也较致密。

建盏釉，厚多薄少，呈色黑多褐少。普遍可见的情形是：釉水呈垂流之势。口沿边端露胎，被焙烧成赭色，无光泽。口沿下部周围釉层较薄，呈赭褐色。腹部釉色由上而下逐渐转黑，底部积聚成厚釉，呈色最黑。这种内外垂流过程中，釉层呈现青蓝、蓝灰、黄褐、灰褐色及灰白的兔毫纹。腹下部的黑釉，普遍覆盖至施釉线，乃至局部延伸而形成滴珠状，有抵达足根者。器内的釉，则在底周凝结成玻璃质感很强的厚釉。在放大镜下观察，釉层表面均呈现银白色光芒，器外底厚釉边缘这种光芒也特别耀眼。腹底及足部露胎部分，多呈现与胎骨一致的灰黑色，也有由于窑炉氧化气氛影响或土侵的关系，呈现红褐、灰红或赭褐色。

建盏中，大部分是一次性施釉。将碗口倒扣俯视，可观察到腹下部釉层边缘连成圆圈状，挂釉的生烧器上也能看到这种迹象。由此推断蘸釉的方法，是用手抓住圈足，将器口平稳地浸入釉水，至腹下部施釉线后提起的。部分鹧鸪斑、毫变釉属二次性施釉。

仿建盏的釉，厚少薄多，呈色黑少褐多，釉水一般不到施釉线，俗称施半釉的状况常见。兔毫纹也多不如建窑清晰。经常见到的有两种情形：一种口沿边端露胎较窄，甚至无露胎有薄釉。口沿下部至外壁腹中部釉层略厚黑，腹下部则呈现稀薄透明的赭褐釉，其边缘无一定规则，形成两种不同的色彩，以至可能被误认为施作了二层釉。其实，造成这种现象的原因，一是碗坯在釉水中蘸浸的时间不如建盏长，坯体吸釉不够充分；二是釉水的浓度和黏度尤其是其中的含铁量不如建窑，因而在焙烧过程中稀释部分被逐渐分离渗透而下；三是火候气氛方面的原因，上部的黑釉还原气氛好，形成玻璃相，阻止了氧化，下部的薄釉则容易受氧化气氛影响，形成泛红的褐色。这与建窑器口沿薄釉腹部厚釉的形成机理是一样的。上部的厚釉也有局部垂流至腹底部的现象，但不像建窑那样厚聚成滚圆滴珠状，而是呈条带状的流淌，中间部分较黑，至两侧边缘渐薄而呈褐色。这也说明不是二层釉，而是施一层釉而发生的漫漾现象。

另一种情形是：由于器坯表面不够圆滑或砂眼分布较多，使釉层产生厚薄不匀的状态花斑或斑点，即黑褐两种色彩相间的现象。

厚薄釉的情形，仿建盏较普遍，建盏则极少数。上述是一次性施釉的，还有属于二次施釉的，多见于口沿部位，作青、青白或灰白釉的，俗称“白复轮”。其施作程序是：坯体先施黑釉，然后刮去口沿一周的釉，再施以青或青白釉，这样，黑白交接处可观察到二种釉相溶合而呈现较淡的褐色，乃至白釉复盖黑釉的现象。

倒扣器口，俯视可见的腹下部底周边缘釉层，往往呈相对交接的弧圈状。由此推测，其施釉方法与建窑的平稳下浸法略有不同，而是用手捏住圈足，将器体呈一侧倾斜式浸入釉水至腹中部后，器体迅速向另一侧摆动停顿少许后提起，属于急就式的率意方法。

仿建盏器底露胎部分，很少能够达到建窑那样深沉的色调，多呈褐、灰红、灰黄或灰白色。

除兔毫纹外，仿建盏不见鹧鸪斑、毫变类花纹，而且兔毫往往不如建盏细长或明晰。

装烧工艺：建窑采取一钵一碗的正置仰烧法，底部以垫饼相隔而防止黏连。其他窑口亦以此法为主，同时出现采用支圈与匣钵复叠、托座叠烧法，致使部分器物有芒口或内底有涩圈痕迹。建窑的窑炉属龙窑结构，德化盖德窑发现龙窑基址残迹，福清半岭窑发现的火膛平面呈半圆形，与建窑相似。已经发掘的武夷山遇林亭、南平茶洋窑窑炉平面呈弧形、曲形。建窑窑炉平面则成S形，有利于窑火的流速和保温，显然比前二者更合理。南宋晚期，建窑又出现了更进步的分室窑炉。总之，建窑比较注意窑炉结构的严谨性、科学性，并延长窑炉的长度，因此能烧出质量好、数量多的黑釉碗盏，这是仿建窑场所达不到的高水平。

总的来看，建盏比较注重产品的质量，各地仿建产品，比较追求产品数量而质量上显得逊色。由于材料、工艺技术的原因，能够达到建盏水准乃至十分逼真的，毕竟不多。辨别窑口时，根据胎釉、造型等工艺具体特征进行全面分析，才能获得准确的鉴识。

**3．产品销售大范围**

从考古发现看，建窑系产品的销售范围，包括大陆东南各地和海外的日本、韩国以及南洋群岛一带。其中，建盏主要供应宋朝宫廷、达官贵人、富豪阶层以及部分海外市场，仿建盏则广泛适应中国民间以及海外市场的需求。入明以后，传统的饼茶被散茶所取代。明初，朱元璋以旧制饼“劳民，罢造。惟令采茶芽以进”。[11]这个政策对茶叶、茶具生产乃至饮茶习俗的改变和发展具有决定性的意义。由此开始，建盏与仿建盏在饮茶器具中的地位被其他窑系形制不同的茶具所取代。与此同时，昔时的斗茶风俗也逐渐式微，而发展为另一种崭新的艺术方式——明清功夫茶。

最后必须强调说明的是，宋元时期南方地区还有一处以黑釉瓷器与建窑齐名的窑址，这就是位于今江西省吉安市的吉州窑。其胎米黄、黑紫，其釉也黑，其纹也有兔毫、鹧鸪斑。但碗体的卧足，碗坯施化妆土，施二次釉，还有剪纸木叶、梅花和玳瑁之类的花纹，皆为建盏所无，形成独具风韵的工艺技术特色。关于吉州窑的黑釉瓷器与其他瓷器产品及其历史面貌内涵，已有专著问世[12]，这里就不一一赘述了。至于宋元时期的河北、河南、山西、四川等地也烧成黑釉碗盏，有兔毫、类鹧鸪斑油滴产品，但胎釉构成因素与建盏相区别，各具特点，详情可参见《中国陶瓷史》一书或有关专著。

[11]（清）张廷玉等纂，《明史》卷八十“食货、茶法”，中华书局，1995年版，第7册，1955页。
[12] 王国本、刘杨、肖史牟著，《吉州窑与吉州窑陶瓷艺术》，江西教育出版社，1999年1月版。

# 第六章 宇内闻声

建窑瓷器所具备的高雅文化品位和独特的艺术韵味，堪称陶苑百花园中一支绚丽多彩的奇葩，不仅在中国而且在世界上、不仅在古代而且在现代，都产生了深远的影响。

## （一）建瓷贸易往日本

中国的南宋时期，前来浙江省天目山佛教寺院参禅学法的日本僧人，使用建盏喝茶并把它携带归国，因而称之为“天目碗”，后来推而广之，“天目”成为所有黑釉陶瓷的代名词，这已经是众所周知的事实。这个事实表明：建窑瓷器在中日文化的交流中曾经起到非常重要的作用。据日本陶瓷专家小山富士夫统计，日本国博物馆、美术馆、寺院及民间所拥有的天目茶碗，数量之繁多，器物之精美是世界上任何国家无法比拟的，因此他自豪地宣称：日本是世界上收藏天目茶碗的宝库。在这众多的天目茶碗中，建窑及其窑系的作品占据了显著的地位，除了佛教僧人的携带以外，批量地输入日本，是通过海上贸易展开的。

建窑产品的运销，水路是重要的途径。窑场濒临南浦溪，由南浦溪出发，顺流而下建溪、闽江抵达福州，是最为便捷的路线。处在闽入海口地位的福州是建窑产品运往海外的主要起点。

早在汉代时期，称为东冶的福州就已开辟了北至浙江会稽，南抵越南北部一带的航线。至宋代，福州港的海外交通，步入了繁华的黄金时期。北宋时蔡襄《荔枝谱》载：闽产荔枝，“水浮陆转，以入京师，外至北戎、西夏。其东南舟行新罗、日本、琉球、大食之属”[1]，说明北宋时期福州已经开辟了朝鲜、日本以及东

[1] 《蔡襄集》，647页。

南亚的航线。蔡襄《乞相度沿海防备盗贼》的奏折又说："臣闻福州闽安镇把港及钟门巡检一员，在海上封椿舶船。泉州有同口巡检一员，去城七里，每年下海封椿舶船。"[2]说明北宋中期以前，福州船务要比泉州优越，所以泉州只设"同口巡检"。从宋哲宗元祐二年（1087）置市舶司于泉州后，福州的船务才隶属于泉州。

南宋时期，福州的航运事业进一步发展，《宋会要辑稿》载：福建海船"自面阔一丈二尺以上，不拘只数，每县分三番应募把隘"，绍兴三年（1133）以后规定，每年调发的船只不超过1/3。又称：乾道四年（1168）"福州番船主王仲圭等言，本州岛差拨海船百艘至明州（宁波）"。[3]据此所知，福州面阔一丈二尺以上的海船就应有300艘以上，造船业是相当发达的。王象之编著的地理志《舆地纪胜》载：当时诗人曾用"百货随潮船入市"，"海舶千艘浪，湖田万顷秋[4]"的诗句形容福州贸易盛况。

元代福州还是一个相当繁荣的贸易港口，著名意大利旅行家马可·波罗于1292年途经福州，在其游记里写道："有一条大江（闽江）穿城而过。江面宽1.6公里，两岸簇立着庞大、漂亮的建筑物。在这些建筑前面停着大批的船只，满载着商品。"[5]

由于福州城的地理位置和商业发达，使之成为建窑及其窑系产品的集散地。福州以外，闽南泉州和浙江宁波，也是建窑瓷器的出口港，宋元政府在两地分别设立市舶司，管理海外贸易。建窑瓷器输往日本的航线有三条：

a. 福州—琉球群岛—日本。

b. 泉州—澎湖列岛—日本。

c. 宁波—日本或泉州、福州—宁波—日本。

位于日本九州岛西北海岸的福冈县博多湾，是中世纪对外贸易的主要港口。当时在这里居住着一些宋朝商人，他们赴日贸易，据说多到像今日的唐人街的程度。本世纪以来，从博多湾海底打捞出和从博多遗址群出土了大量的中国陶瓷器，其中包含有建窑及其窑系的产品。许多陶瓷器上还用朱书或墨书中国人的姓氏或名字，

图73."张纲"铭黑釉碗[左：侧，右：底]（宋）

[2] 《蔡襄集》，370页。
[3] 《宋会要辑稿·食货》卷五〇之一三、二三。
[4] 《舆地纪胜》卷一二八《福州》，所引龙昌期及鲍祇诗。
[5] 陈开俊等译《马可·波罗游记》，福建科学技术出版社，1981年12月版，191页。

如王、林、陈、汪、丁、江、张、吴、周、陈四、王二、陈成、周太、林浜、王七、朱八、郑大、张二等，有的姓名后还加花押。有趣的是，这些众多的姓氏名字以及一些花押，与1993-1997年发掘的福州市屏山一带遗址出土的陶瓷器上铭文及花押都基本相同或极为相似，说明由于中日贸易往来，墨书陶瓷及其文字艺术由中国传入日本，并在博多流行，很有可能是从福州传入日本的。日本国传世品中，有一种被称为“茶入”的薄胎酱釉茶叶罐，也出自福州西郊宋代洪塘窑产品（见图版51），更直接证实了福州作为对外贸易港口与日本之间的密切联系。

博多地区墨书内容中，最为引人注目的是带某纲之类的铭文，最为普遍的是“丁纲”“张纲”，表示运货物的组织或个人；还有“二纲”、“四纲”、“六纲”标志货物的数量；“纲司”，则是货物贸易的管理机构之一。如1件黑釉茶碗底部墨书“张纲”，这件茶碗灰胎薄釉，造型作捺腰式束口碗，应属于福清东张窑的特征（图73），表明东张窑产品拥有者是姓张的商人。

《宋史·食货志》载：绍兴六年，泉州太守连南夫奏请：“诸市舶纲首能招诱舶舟、抽解物货、累价及五万贯十万贯者，补官有差。大食蕃客啰辛贩乳香直三十万缗，纲首蔡景芳招诱舶货，收息钱九十八万缗，各补承信郎。闽、广舶务监官抽买乳香每及一百万两，转一官；又招商人蕃兴贩，舟还在罢任后，亦依此推赏。然海商人蕃，以兴贩为招诱，侥幸者甚众。”[6]依此奏折情形看，纲首是海上商船的经纪人，受到海关机构市舶司的辖制，有功者还被授予一定的官衔。“张纲”、“丁纲”分别是姓张、姓丁的纲首，“纲司”则是市舶司内管理纲首的机构。纲首是货主的经纪人，货船是租赁的，但有时船主自己也担任纲首。日本《朝野群载》一书附有中国宋朝两浙路市舶司签发的公凭一件。公凭原文：

“提举两浙路市舶司，据泉州客人李充状：今自己船壹只。请集水手，欲往日本国，转买回货，经赴明州市舶司抽解，乞出给公验前去者。

一人船货物，自己船一只。纲首李充，艄工林养，杂事庄权，部领吴第（及船员67人姓名）。

货物：象眼肆拾匹，生绢拾匹，白绫贰拾匹，瓷垸贰百床，瓷碟壹百床。

右出给公凭付纲首李充收执。禀前须敕牒指挥前去日本国，经他国赴本州岛市舶务抽解，不得隐匿透越，如违，即当依法根治施行。

崇宁四年六月　日给。”[7]

这个公凭内容说明，纲首经营的货船，受到海关机构市舶司的检验后出海，他们是一批合法的商人，除了谋利以外，还具有代表官府管理和处理船上人员的司法权力。看来，拥有黑瓷茶碗的纲首张某，就是这样的商人。建窑及其窑系的瓷器正是通过他们的贩运而输入日本的。

本书第三章建窑瓷器的兴衰已考证，建窑瓷器至少在北宋晚期开始批量输往日本，到了南宋时期和元代，建窑系其他窑口的产品，逐渐代替建窑而大量出口。这些运售工作，是通过海商贸易活动而完成的。

## （二）天目之风播东瀛

建窑及其窑系的瓷器，从装载货物的沉船和古代坟墓中出土而重见天日，然而，这只是输入品的一部分，还有许多精美的作品，通过日本人的使用和精心保护而流传后世。在这种流传过程中，茶道文化、寺院文化是功不可没的。

日本茶道文化，渊源于中国。其密切的联系，可以追溯到中国的唐朝时期。

7-9世纪，中国处在强大的唐帝国时期。与此相对应的日本列岛首次建立了中央集权的统一国家，因为当时定基于“律令”这种法律进行统治，

[6]《宋史》卷一百八十五，第13册，4537-4538页。
[7] 引自《中国陶瓷史》，309页。

达先生深有同感：“的确就在福建也找不到满意的泥料，坯体原料难以确定。”[9]建盏胎釉测试皆有数据，可是陶艺家们做配方尚且如此极端困难，民间普通仿品岂能企及。不过造假者屡出新招，如老胎接底，即从窑址采集宋代碗底，往上接以新坯上釉烧成，此类应注意观察接胎痕迹是否有破绽，釉色效果与老窑瓷是否一致。再如，老坯复烧，即从窑址中采集未烧成或烧未熟的宋代碗盏器坯，入窑复烧再经做旧处理，此类器物又容易使购买者上当受骗，胎够古朴，但釉层过于透明，釉光无深沉感。（见图版55）

其次，从成型工艺观察。建盏是在宋代陶车轮盘上手工拉坯成型的，并经过刀具旋坯修理，因此在器物的表面留下轮旋的痕迹，器物的口腹、腹足交接部位及圈足都可能留下旋坯的痕迹。底足的足墙稍有外撇，足端略有倾斜，圈足边缘的宽窄程度不可能完全雷同。而仿建盏由于使用电动机械快轮工艺或采用模型注浆工艺成型，器表一般比较圆滑平整，器物交接部位注浆痕迹明显，底足足墙垂直或略内敛，足端呈水平而过于平整。至于有的也利用辘轳陶车手工拉坯成型的仿建盏，由于刻意追仿建盏造型，风格难免生硬呆板，尤其在器物交接部位显得不够自然率意。尤其是束口碗，宋代陶工是依靠娴熟的技术拉坯成型，口沿往内的约束和腹部流畅弧度的连接一气呵成，无停滞状况，整体刚健饱满的作风，令今人难以望其项背。仿造者刻意模仿，难免使形体线条生硬，甚至比例失之准确。市场上出现一些采用残器修补冒充完整器，可以用金属刮削听声辨认修补痕迹。

宋代建盏口沿釉薄甚至露胎，饮茶时不利口唇接触和观赏，往往使用金属镶边的做法，金边的不易蚀极少，真金岁久发红。银、铜边多见，但岁久易腐蚀。现代仿古也采用此法，先在口沿包镶银或铜边，用酸腐蚀涂以黏液抹土，企图造成古代金属镶边的假象以迷惑购买者。古代银铜边腐蚀金属易碎、残损处蚀入内里呈粉末状；现代假边蚀在表面，残缺处用手抠动成片状，再结合胎釉特征不难辨伪。还有一些宋代建盏口沿有残下体尚好，修复后口沿镶边出售，价格亦不菲，这又另当别论。

第三，看花纹。建盏花纹在龙窑柴火焙烧中自然成形，花纹从釉层中透露至釉面。仿建作品由于烧成使用电炉、煤气炉等先进工艺，花纹过于规整，细密状况居多。民间也有利用龙窑的烧成仿建盏的，但火候火温不易控制，因而难以达到逼真的建盏效果。仿建盏兔毫、鹧鸪斑、曜变等花纹，在放大镜下观察，多浮现于釉面，不如建盏凝重深沉，也是明显的差异。釉内结晶的排列均匀规整，不像宋代自然状态，或大小不一，或疏或密无一定规则。宋代窑变珍品，皆属一次性上釉烧成，现代仿品兔毫尚可，但精光不内涵。鹧鸪、曜变多用二次点釉法，均未达到宋代的多彩水平，尤其是曜变，至今未有公认的七彩神光。总之，现代仿建盏作品，包括工艺大师们较成功烧成的优品，釉色的滋润度，花纹的灵动性，都达不到宋代的高超水平。

另外，金彩器受到青睐，由于年代久远仅存痕迹，造假者就如法炮制金彩痕迹，但老的痕迹已渗釉层，而新痕则浮于表，易于擦掉。

第四，看款识。由于建盏是贡品，为了抬高仿品的价格，“供御”“进盏”铭文也多所出现，宋代建盏足底此类铭文，皆楷书，且字迹工整，用刀犀利笔触深浅顿挫皆有一定章法，绝无拖泥带水现象。也有一些字迹恶劣者，但绝不成当时贡品。现代仿品铭文，刀法往往深浅失度，要么深浅一致，要么出现崩口崩磕，或刻意修饰特征明显。还有宋代建盏，原本无铭文，却加刻“供御”“进盏”铭文，成为画蛇添足之嫌，此类文字常有崩磕现象，而且字体与胎体颜色有差别。还有一些欠水平的铭文，用简体字代替繁体字，应该容易辨认。

收藏瓷器除了掌握鉴定知识之外，还必须了解市场行情。据收集到

---

[9] 李达，《建盏鉴赏》，《收藏家》，2007年4期。

的拍卖资料，早期拍卖黑釉器记录有：1943年英国索斯比代售的1件唐代黑釉窑变双耳罐，价格58英磅；1946年索斯比卖出的1件黑釉油滴盏，价格30英磅；1948年商人威尼弗雷德·威廉姆卖出的1件宋代黑釉瓜棱执壶，价格45英磅。进入21世纪以来，建窑瓷器渐成市场新宠，2001年纽约佳士得秋拍，1件直径17厘米的宋代建窑黑釉褐斑兔毫碗，成交价为5.64万美元。2003年伦敦苏富比春拍，1件直径为17.8厘米的南宋建窑油滴碗，以28.56万英磅成交，是当时成交价最高的建窑瓷器。2011年伦敦苏富比春拍，1件口径16.9厘米的南宋建窑黑釉兔毫盏，以33.725万英磅成交，再创新高。随之带动的，河南地区仿建窑的黑釉瓷器经常出现数量比建窑还多的情况，其高价品也超过10万美元。从发展趋势看，国外比国内价位高，大口径的比小口径的价位高，花纹特殊的比一般品类价位高，拍卖会的比民间流通的价位高。福建、广东、浙江、河南、北京、上海、台湾等地都有为数不少的建盏收藏大户，其中福建主要集中在福州、厦门、建阳、建瓯、武夷山等地。收藏者日众，建窑黑釉瓷价格飚升。不仅完整器，连各种残器标本、工具、窑具也纷纷出现在古玩市场。随之联动的，建窑系南平茶洋窑、武夷山遇林亭窑、福清东张窑等宋元仿建的优品，价格在数百元至数千元不等。工艺大师暨非物质文化传承人的作品尚有价值上升的潜力。伴随而来的是建窑遗址的灾难性破坏，遍地狼藉，国家重点文物保护单位的保护现状堪忧。伴随而来的还有造假手段愈加隐蔽高超，仿品泛滥，不仅进入民间流散，而且进入拍卖市场炒作，乃至因此而发生宋代建盏流拍现象，岂非咄咄怪事？弘扬民族优秀传统文化，应把保护文物摆在首位，民间收藏应服从保护工作，提高文物鉴赏水平，打击伪劣。这是本书行文结尾时的期望。

## 主要参考书目

1.文物编辑委员会编《中国古代窑址调查发掘报告集》。

2.《中国古陶瓷研究会1996年》，《福建文博》1996年第二期。

3.福建省博物馆、茶道资料馆编《唐物天目特别展——福建省建窑出土天目和日本传世天目》。

4.中国硅酸盐学会《中国古陶论文集》。

5.李家治、陈显求主编《古陶瓷科学技术》。

6.[日]小山富士夫著《天目》。

7.[日]德川美术馆、椐津美术馆编《天目》。

8.[日]静嘉堂文库美术馆等编《茶碗Ⅲ·日本名陶十撰》。

9.叶喆民著《中国古陶瓷科学浅说》。

# 第七章 名品鉴赏

**1.青釉执壶（晚唐五代）**

器残　残高20.5厘米

福州民间收藏。灰黄胎较厚重、脱釉。执壶，在唐人文献中对应名称叫注子，中唐以后流行。此器喇叭口、细短颈、圆球腹，为晚唐五代时期常见型式，茶酒器。

## 2.青釉花口碟（晚唐五代）

口径13.2厘米　通高2.6厘米　足径5.8厘米

福州民间收藏。花瓣口、浅底、圈足。灰白胎较轻薄、青黄釉冰裂纹，底足露胎，内底遗留6个支钉痕迹。此器样式仿金银器造型，为晚唐五代时期流行。

3.建窑黑釉兔毫纹A式束口碗（宋）

口径12.6厘米　高7.3厘米　足径3.9厘米

日本永青文库收藏。灰黑胎、银复轮。腹部饱满，为A式束口碗的标准型式。漆黑的底釉生成美丽的兔毫纹，外表的窑变尤其强烈。日本室町时代称之银建盏，中国称为银兔毫。

4.建窑黑釉B式束口碗（宋）

口径10.8厘米　通高5.2厘米　足径3.8厘米

窑址出土，福建博物馆院藏。灰黑胎、釉色黑润，口沿呈铁红色。深圆腹，是B式束口碗的标准器。

5.建窑黑釉C式束口碗（宋）

口径14.0厘米　高5.4厘米

武夷山一品斋收藏。灰黑胎、黑釉。口沿酱色，内底中心微凸有兔毫纹。此器胎体较轻薄，是C式束口碗的标准器。

6.建窑黑釉A式敛口碗（宋）

口径9.3厘米　高4.9厘米　足径3.0厘米

福州民间收藏。灰黑胎、黑釉。浅腹，是A式敛口碗的标准器。

**7.建窑绀黑釉B式敛口碗（宋）**

口径9.4厘米　高5.2厘米　足径3.0厘米

窑址出土，福建博物院收藏。灰黑胎厚重，釉色绀黑滋润。深腹，是B式敛口碗的标准器。

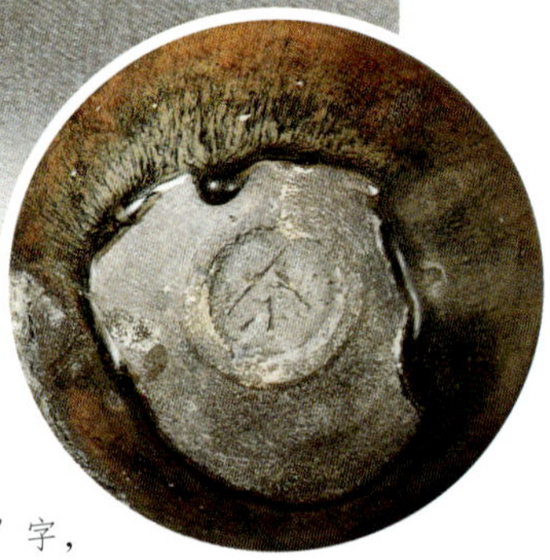

**8.建窑黑釉“茶”铭敛口碗（宋）**

口径11.6厘米　高6.3厘米　足径4.0厘米

窑址出土，福建博物院收藏。灰黑胎厚重，酱红褐色釉，有兔毫纹。敛口深腹卧足，足内刻一“茶”字，为盛茶水的容器。

**9.建窑黑釉兔毫纹B式撇口碗（宋）**

口径13.0厘米　高5.2厘米　足径4.5厘米

日本德川美术馆收藏。黑褐胎，通体呈现细密黄兔毫纹，釉面玻璃光强烈。形体挺拔，是B式撇口碗的标准器。

**10.建窑黑釉敞口碗（宋）**

口径12.7厘米　高4.8厘米　足径3.7厘米

窑址出土，福建博物院收藏。灰黑胎。腹底部釉水聚黑，上部内外呈红褐色，有氧化斑，表面风化失光。形体简约，是敞口碗的标准样式。

**11.建窑绀黑釉撇口碗（宋）**

口径12.5厘米　高5.4厘米　足径3.2厘米

窑址出土，福建博物院收藏。深灰胎，釉水绀黑滋润，并呈现兔毫纹。

### 12.建窑青黑釉束口碗（宋）

口径11.8厘米　高5.9厘米　足径3.8厘米

窑址出土，福建博物院收藏。深灰胎，釉色青黑，有兔毫纹。

### 13.建窑褐釉束口碗（宋）

口径12.6厘米　高6.3厘米　足径4.2厘米

窑址出土，福建博物院收藏。灰褐胎，釉水氧化呈褐红色，外壁正底足有聚釉一周。

14-1.建窑酱红釉碗（宋）

口径13.0厘米 高5.2厘米 足径4.2厘米

14-2.建窑酱红釉碗内里（宋）
建窑酱红釉碗底部

福州卢明收藏。灰黑胎，内外壁施酱红釉光润，足部露胎。内底中央有釉斑。内外壁有褐色细兔毫纹，温柔可爱。

15.建窑暗绿釉束口碗（宋）

口径13.1厘米 高6.9厘米 足径4.9厘米

日本京都博物馆收藏。黑胎、暗绿色透明釉，日本称为“蓼冷汁天目”。

**16.建窑黑釉灰白毫纹碗（宋）**

口径12.2厘米　高7.4厘米　足径3.7厘米

窑址出土，福建博物院收藏。深灰胎、黑釉较薄，由于釉面气泡塌陷而形成灰白色毫纹。

**17.建窑青黑釉黄兔毫束口碗（宋）**

口径12.6厘米　高7.1厘米　足径4.2厘米

日本藤田家收藏。灰黑胎、铜复轮。青黑色的釉面光滑，呈现茶色兔毫纹细致地流淌，近底部聚厚产生油滴状的窑变。

**18.建窑黑釉黄、银兔毫束口碗（宋）**

口径12.7厘米　高6.8厘米　足径4.0厘米

日本根津美术馆收藏。黑褐胎、银复轮。漆黑的底釉厚挂，口沿呈现油滴斑、兔毫斑，腹部银色、茶色兔毫纹，是少见的釉水景色变化的珍品。是宋代文学家黄建坚诗文“金缕鹧鸪斑”的标准器。

19.建窑黑釉蓝兔毫束口碗（宋）

口径12.9厘米　高7.5厘米　足径3.8厘米

日本林原美术馆收藏。黑胎、银复轮。黑釉厚底，内外侧流淌银青色的兔毫纹，幽蓝银光，耀眼华丽。

20.建窑黑釉黄兔毫束口碗（宋）

口径13.0厘米　高7.9厘米　足径3.7厘米

日本京都国立博物馆收藏。黑褐胎、银复轮。口沿发茶褐釉色，内外通体漆黑釉地中流淌细密茶色兔毫，是典型的建盏作品。

21.建窑黑釉黄兔毫撇口碗（宋）

口径20.5厘米　高7.7厘米　足径5.4厘米

日本五岛美术馆收藏。黑褐胎、铜复轮。黑色地釉厚重至足部，内外壁呈现黄褐色兔毫纹，是日本传世品中的精品。

22.建窑黑釉类鹧鸪斑金油滴碗（宋）

口径10.8厘米　高5.2厘米　足径3.8厘米

建阳市博物馆收藏。灰黑胎厚重，漆黑釉层中分布均匀的油滴斑，表面玻璃光强烈，是金油滴建盏的典型器。点状油滴多作随形延伸，外观上呈断续丝缕状，亦可视为“金缕鹧鸪斑”之一种。

23.建窑黑釉类鹧鸪斑银油滴碗（宋）

口径10.0厘米　高4.1厘米　足径3.2厘米

窑址出土，福建博物院收藏。胎骨灰黑厚重，釉黑而光润，油滴呈银色，闪闪发光。

24.油滴天目碗（宋）

口径12.7厘米

日本文部省收藏。灰黑胎银复轮，青黑厚釉垂流至足部，油滴分布密集，闪现银色光芒，为日本重要文化财产。

**25.油滴天目建盏（宋）**

口径12.2厘米　高7.1厘米　足径3.8厘米

日本德川美术馆收藏。灰黑胎，银复轮。黑釉厚挂，分布密集的银油滴，局部发生曜变斑，是日本传世油滴天目屈指可数的名碗。原包装箱上有“星建盏天目”铭文。

26.曜变天目碗（宋）

口径12.2厘米

日本静嘉堂收藏。灰黑胎，银复轮，黑釉厚重，呈现七彩神光，为日本第一号曜变天目碗，大名物，国宝。

**27.曜变天目碗（宋）**

口径12.1厘米　高6.6厘米　足径3.8厘米

日本龙光院收藏。灰黑胎，银复轮，黑釉浑厚，呈现独特的曜变光彩。大名物，日本国宝。原包装箱盖表有日本江月宗玩（1574–1643）高僧书写的“曜变天目”铭文。

28-1.建窑黑釉毫变纹碗内里（宋）

窑址出土

28-2.建窑黑釉毫变纹碗（宋）

口径12.4厘米　高9.0厘米　足径3.9厘米

窑址出土，福建博物院收藏。灰胎，黑釉滋润光亮，内外分布黄色毫变纹，造型美观，为稀罕制品。

29.建窑黑釉兔毫纹间毫变纹碗（宋）

口径16.2厘米　高6.7厘米　足径5.2厘米

日本京都国立博物馆收藏。灰黑胎、漆黑釉大面积茶色兔毫纹，指捺状毫变纹相间，似为二次施釉痕迹。形体丰满。

## 30.建窑黑釉兔毫碗与匣钵装烧情形（宋）

匣钵口径18厘米　通高11.5厘米　内里黑釉兔毫碗口径12厘米

窑址采集　福州民间收藏　匣钵呈漏斗形口底，夹砂灰陶，质地坚硬耐高温，一件匣钵装一件瓷器。匣钵装烧在窑炉内代替托座裸烧，是瓷器烧成工艺史上的一次技术革命，对瓷器的烧成质量具有重要的作用。

31.建窑黑釉兔毫纹碗（宋）

口径12.2厘米　高6.2厘米　足径4.2厘米

福建顺昌大坪林场墓出土，福建博物院收藏。灰黑胎，厚黑釉，兔毫纹，出于北宋晚期墓葬。

32.建窑黑釉兔毫纹碗（宋）

口径13.2厘米　高4.8厘米　足径3.6厘米

福建顺昌大坪林场墓出土，福建博物院收藏。灰黑胎较厚，釉色绀黑滋润有兔毫纹，出自北宋晚期墓葬。

**33.福州怀安窑青釉窑变毫纹碗（唐）**

口径14厘米　高4.6厘米　足径5.5厘米

福州乌山工地采集，福建民间收藏。灰白胎坚实，施青绿釉不及底。内壁青蓝色兔毫丝纹清晰，可视为最早的兔毫纹。

34.漆盏托、碗（宋）

漆盏托口径8.4厘米　通高6.2厘米　足径7.2厘米

漆碗口径10.4厘米　高5.4厘米　足径3.4厘米

邵武南宋宝庆二年（1226）黄涣墓出土，邵武市博物馆收藏。口沿镶银扣，内外壁饰金彩放射状细线纹，显系仿建盏花纹。是当时常见的一套茶具。

35.建窑酱釉擂钵、擂棒（宋）

擂钵口径15.5厘米　高6.5厘米　足径5.8厘米。擂棒残长6厘米

福州卢明收藏。灰黑胎，酱褐釉，器变形作椭圆一侧开流，圆圈足。内里落胎刻划辐射线条纹，是民间擂茶器。

宋代茶叶蒸研制成饼状，饮用时须经研磨为茶末点注沸水为杂汤。研磨工具有小石磨、碾牧碾船、擂钵擂棒三种形式。此式擂茶器于本书图60元代壁画《点茶图》中可见其操作情形。

**36.建阳白马前窑酱釉开流执壶（宋）**

口径5.8厘米　通高14厘米　底径6.2厘米

福州民间收藏。灰褐胎，施酱褐釉，有细密毛发状毫纹。口部一侧开流，为斟茶水用器。

**37.建窑灰釉褐铭“茶”字碗（宋）**

口径9.8厘米　高4.9厘米　足径3.7厘米

福州卢明收藏。灰黑胎，灰皮釉，内壁书写三个黑褐色“茶”字，表明用途为茶碗。

38.北方窑口黑釉兔毫纹碗（金）

口径12.1厘米　高5.7厘米　足径4.1厘米

内蒙古集宁路古城址出土，内蒙古自治区考古研究所收藏。灰白胎，黑色釉上流淌出丝丝酱黄色兔毫纹，纹理短而密集，具有较强的金属光泽。属北方窑口仿建窑产品。

39-1.北方窑口黑釉油滴盏内里（元）

39-2.北方窑口黑釉油滴盏内里（元）

**39-3.北方窑口黑釉油滴盏（元）**

口径9.2厘米　高4.3厘米　足径4.2厘米

内蒙古集宁路古城址出土，内蒙古自治区考古研究所收藏。灰白胎，黑色釉上布满油滴斑，斑点较大，口部呈酱黄色。仿建盏产品。

40.四川窑黑釉窑变花纹碗内里（宋）

口径10厘米

四川成都金凤窑址出土，成都考古队收藏。灰胎，黑釉内外窑变酱斑纹，仿建盏产品。

**41.武夷山遇林亭窑金彩武夷山水图碗内里（宋）**

口径10.8厘米　高5.9厘米　足径3.7厘米

日本民间收藏。灰白胎、黑釉，内里金彩描绘武夷山九曲风光名胜景点及南宋理学家朱熹《武夷棹歌》中的一篇诗文：“一曲溪过上钓船，幔亭峰影映晴川；虹桥一断无消息，万壑千岩锁翠烟。”构成错落有致的图案。

**42.武夷山遇林亭窑黑褐釉碗（宋）**

口径11.7厘米　高6.3厘米　足径4.0厘米

窑址出土，福建博物院收藏。灰白胎，黑褐色釉，腹下部及底足露胎。

**43.南平茶洋窑褐釉束口碗（元）**

口径12.0厘米　高6.5厘米　足径4.5厘米

窑址采集，福州民间收藏。灰胎，褐釉有细直发状兔毫纹，是茶洋窑的典型器。

**44.南平茶洋窑青褐釉束口碗（元）**

口径12.4厘米　高7.5厘米

武夷山一榻壶斋收藏。灰胎施青褐釉，釉深处落深褐，呈色绚丽，有白兔毫纹。是茶洋窑的深腹碗典型器。

**45.南平茶洋窑黄绿釉敛口浅碗（元）**

口径11.0厘米　高4.0厘米

武夷山一榻壶斋收藏。灰胎，施黄绿釉，莹澈亮泽，积釉处近黑，色彩鲜明，外壁近底足处攒聚如珠，格外生动。是茶洋窑浅腹碗的典型器。

**46.珠光天目茶碗（元）**

口径11.4　高6.6　足径3.8厘米

日本永青文库收藏。灰褐胎银复轮，施厚薄黑褐色和灰色釉。原包装箱盖表书铭文“珠光天目、黄”。相传日本高僧珠光曾经持有。

**47.灰被夕阳天目茶碗（元）**

口径12.4厘米　高7.1厘米　足径4.5厘米

日本收藏。灰褐胎、釉水黄褐变化如彩虹光彩。原藏者有“夕阳”书铭。

## 48.福清东张黑釉兔毫纹束口碗（宋）

口径11.7厘米　高5.9厘米　足径3.9厘米

福州民间收藏。灰胎、黑釉不及底，腹下部有厚薄二层釉现象。分布兔毫纹。腹中下部往内收，造型线条吻接柔和，是福清东张最具代表性的独特产品。

49.闽侯南屿窑黑釉兔毫纹碗（宋）

口径11.4厘米　高5.4厘米　足径3.0厘米

窑址出土，福建博物院收藏。灰胎、黑釉兔毫纹，腹部内收较急，为南屿窑特色产品。

50.闽侯南屿窑黑釉束口碗（宋）

口径12.4厘米　高5.8厘米　足径4.2厘米

窑址采集，闽侯县博物馆收藏。灰胎、釉色乌黑，口沿釉薄处呈铁红色。外壁腹下部有厚薄二层釉现象。

51.福州洪塘窑薄胎酱釉罐（宋）

口径7.5厘米 高8.2厘米 腹径12.5厘米 底径6.0厘米

福州鼓楼区工地出土，福州市博物馆收藏。细红胎薄处仅1毫米，薄层酱釉色窑变丰富多彩。贮茶器具。

52.濑户菊花天目茶碗（16世纪）

口径12.3厘米 高7.0厘米 足径4.5厘米

日本德川美术馆藏品。灰胎银复轮。黑釉间黄褐菊花形纹。

53.曜变茶碗（现代）

日本林恭助先生创作。仿建盏造型，黑釉，有油滴聚集类似曜变光彩。

54.陈大鹏仿制的油滴碗内里、黑地绿毫碗（现代）

仿建盏造型。黑釉地红油滴均匀散布，油光闪亮。黑地绿毫细致，釉水莹润。

55.建阳民间仿制的老胎新釉兔毫纹碗（现代）

仿建盏造型。灰黑胎，复窑烧成釉水厚聚垂成滴珠状。

# 后记

本书由叶文程先生命题并提供部分资料，林忠淦先生负责全书撰稿。在编撰过程中，闽侯县博物馆曾江先生协助摄影，福州卢明、武夷山赵勇等藏友提供部分器物资料，江西美术出版社各主要领导及责任编辑给予技术性指导并付出辛苦劳动，在此一并感谢！

作 者

2014年7月于榕城

**图书在版编目（CIP）数据**

中国古代名窑．建窑 / 叶文程，林忠淦著．-- 南昌：
江西美术出版社，2016.2（2021.4重印）
ISBN 978-7-5480-3861-0
Ⅰ．①中… Ⅱ．①叶… ②林… Ⅲ．①建阳窑－瓷窑
遗址－介绍 Ⅳ．①K878.5
中国版本图书馆CIP数据核字(2016)第032218号

本书由江西美术出版社出版，未经出版者书面许可，
不得以任何方式抄袭、复制或节录本书的任何部分
本书法律顾问：江西豫章律师事务所　晏辉律师

---

出 品 人：周建森
总 策 划：陈　政
主　　编：耿宝昌　涂　华
副 主 编：王莉英
编　　委：（以姓氏笔画为序）
王建中　王莉英　王健华　叶文程　朱金宇　任世龙　刘　杨　刘　浩
汤苏婴　孙新民　杜正贤　李一平　余家栋　张文江　张志忠　张浦生
陈　政　林忠淦　周少华　赵文斌　赵青云　耿宝昌　郭木森　涂　华
彭适凡　彭　涛　谢纯龙　赖金明　霍　华　穆　青

---

责任编辑　窦明月　梁海涛　陈　波
助理编辑　林　通
责任印制　吴文龙　张维波
书籍设计　梅家强
电脑制作　江西华奥印务有限责任公司

---

中国古代名窑系列丛书
ZHONGGUO GUDAI MINGYAO XILIE CONGSHU
建 窑
JIANYAO

---

著者：叶文程　林忠淦
出版：江西美术出版社
社址：南昌市子安路66号
邮编：330025
电话：0791-86565819
网址：www.jxfinearts.com
发行：全国新华书店
印刷：浙江海虹彩色印务有限公司
版次：2016年2月第1版
印次：2021年4月第4次印刷
开本：965mm×1270mm　1/16
印张：9.25
ISBN 978-7-5480-3861-0
定价：90.00元

---

版权所有，侵权必究